ÉTUDE

SUR LA CONDITION

JURIDIQUE ET ÉCONOMIQUE

DES FERMIERS

AVEC

UN APERÇU HISTORIQUE SUR L'ORIGINE

DU DROIT DE MARCHÉ

PAR

Laurent PRACHE

Docteur en droit
Avocat à la Cour d'appel de Paris

PARIS

L. LAROSE ET FORCEL

Libraires-Editeurs

22, RUE SOUFFLOT, 22

—

1882

ÉTUDE

SUR LA CONDITION

JURIDIQUE ET ÉCONOMIQUE

DES FERMIERS

IMPRIMERIE
CONTANT-LAGUERRE

BAR-LE-DUC

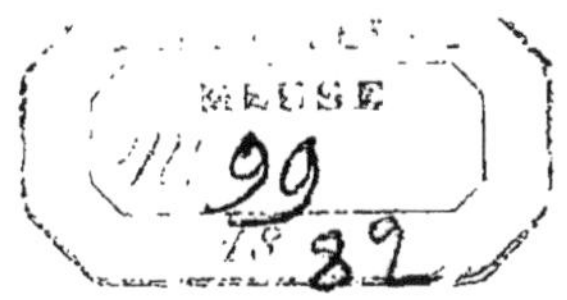

ÉTUDE

SUR LA CONDITION

JURIDIQUE ET ÉCONOMIQUE

DES FERMIERS

AVEC

UN APERÇU HISTORIQUE SUR L'ORIGINE

DU DROIT DE MARCHÉ

PAR

Laurent PRACHE

Docteur en droit

Avocat à la Cour d'appel de Paris

PARIS

L. LAROSE ET FORCEL

Libraires-Éditeurs

22, RUE SOUFFLOT, 22

—

1882

INTRODUCTION

La terre, pour l'homme civilisé, est, avant tout, un
instrument de travail et de production, mais les peuples
en ont fait longtemps aussi, l'histoire nous le montre, un
moyen de domination; d'où il résulte que la possession du
sol a pu être recherchée, par les uns, en considération de
sa valeur économique; par les autres, en considération de
sa valeur sociale. Cette double idée nous donne l'explication des formes singulières et multiples qu'a revêtues en
France la location des terres : car, la propriété foncière
ayant toujours été, surtout à l'origine, le privilège du
petit nombre, la location fut le seul moyen qui s'offrit à
la masse d'arriver à la possession du sol. Là est aussi le
secret des luttes agraires, si fréquentes, chez nous, à
partir du XIIe siècle. Les tenanciers comprenaient que, le
sol ayant été l'instrument de leur asservissement, il fallait marcher à sa conquête pour arriver à la conquête autrement précieuse de l'indépendance et de la liberté individuelle. — De leur côté, les propriétaires ne se firent
souvent aucun scrupule d'abuser de leur suprématie pour

mentir à leur parole et violer la foi des contrats. Tous leurs efforts tendirent à rendre temporaires les concessions primitivement faites à titre héréditaire et perpétuel. La Révolution mit fin à toutes les dissensions nées de cette lutte pour la possession de la terre. Elle fut hardie dans sa réforme, mais elle ne s'appliqua pas assez à être juste. Aussi trancha-t-elle de la façon la plus simple la question sociale qui s'offrait à elle : là où la location était devenue « une forme de la propriété, » la victoire fut laissée aux tenanciers; ils devinrent les maîtres du sol. Partout, au contraire, où la location, pure de tout mélange féodal, avait conservé ou acquis un caractère de précarité, où les propriétaires avaient triomphé des prétentions injustes ou des résistances légitimes des tenanciers, le domaine resta entier aux mains de ceux qui en étaient légalement investis.

Dans notre société moderne, le sol ne confère plus au propriétaire aucune puissance politique. La terre a perdu sa valeur sociale; elle n'est plus qu'un simple instrument de travail et de richesse. C'est ainsi que la loi, d'accord avec nos mœurs, a voulu qu'elle fût considérée et traitée désormais dans les contrats de location. Les prescriptions de la loi ont été si scrupuleusement observées que l'on en est aujourd'hui à se demander s'il n'a pas été mis trop d'empressement à lui obéir et si, dans leur désir de tirer du sol tout le profit possible, les propriétaires n'ont pas méconnu des devoirs sociaux et des règles que les exigences de la culture imposaient et n'ont pas fait aux fermiers une condition déplorable et inévitablement ruineuse. De bons esprits l'ont prétendu; se retournant contre le législateur, ils l'ont accusé d'avoir prêté la main aux propriétaires et de les avoir conduits de force dans cette voi-

malheureuse. Des études remarquables sur les contrats agraires de l'ancien droit ont montré depuis quelle part, dans ces critiques, il fallait attribuer à la vérité et quelle part à l'exagération.

D'autres, moins épris du passé, plus en peine d'être de leur temps, ont eu garde d'attaquer les modifications apportées par la Révolution aux lois organiques de la propriété. Mais, se plaçant à un autre point de vue, ils reprochent au législateur d'avoir été pusillanime et trop respectueux pour des règles surannées qui sont la violation flagrante des principes les plus élémentaires de l'économie politique.

Est-il vrai qu'il faille ainsi voir dans le Code une de ces causes principales de la crise terrible que traverse en ce moment le régime du fermage en France? C'est ce que nous nous sommes proposé de rechercher en étudiant la condition juridique et économique du fermier, d'abord dans le bail à ferme ordinaire, tel que l'a organisé le Code civil, puis sous l'empire des diverses variétés de ce contrat, vestiges du passé que la pratique a conservés, parfois grâce à une transformation ; ces variétés sont le bail emphytéotique, le bail héréditaire, le bail à domaine congéable et le droit de marché.

Suivant le conseil que nous a donné notre excellent maître, M. Bufnoir, nous avons fait précéder notre étude sur la condition du fermier en pays de *Droit de Marché*, de quelques considérations sur l'origine de cette tenure picarde que nous avons vue de près et qui est encore peu connue, peut-être même mal connue des jurisconsultes.

BAIL A FERME ORDINAIRE

⸗⸗⸗

PREMIÈRE PARTIE

CONDITION JURIDIQUE DU FERMIER

La détermination de la condition juridique du preneur dans le bail à ferme ordinaire exige l'analyse et l'étude des droits que le Code confère à ce preneur et des obligations qu'il lui impose.

1. — Les droits du preneur sont multiples.

Il en est trois seulement que nous mettrons en relief, les autres se confondant avec le premier.

Ce sont :

1° Le droit de jouir du bien loué, droit principal et essentiel.

2° Le droit de céder le bail et de sous-louer.

3° Le droit aux constructions élevées et aux plantations faites sur le fonds pendant la jouissance.

Ces deux derniers droits ne sont, on le voit, que des droits secondaires, nullement indispensables à l'existence du contrat.

II. — Les obligations que le Code met à la charge du preneur répondent à un quadruple but. Elles sont destinées à constituer l'équivalent du droit de jouir, à réglementer l'exercice de ce droit, à garantir le recouvrement du prix, et à assurer la restitution de la chose louée.

1° Le droit de jouir a pour contre-poids l'obligation de payer le prix.

2° et 3° L'obligation d'user de la chose louée en bon père de famille et celle d'en user suivant sa destination ont toutes deux pour office de déterminer et de régler la jouissance du preneur.

4° L'obligation d'engranger dans les lieux loués constitue la quatrième obligation, celle dont l'effet est d'assurer une assiette certaine au privilège du bailleur.

5° et 6° Enfin, en cinquième lieu, vient l'obligation de restituer la chose louée à la fin du bail. A celle-là s'en rattache une sixième, l'obligation de laisser à la sortie les pailles et engrais et de donner des logements convenables au fermier entrant.

Passons successivement en revue chacun de ces droits, chacune de ces obligations.

CHAPITRE PREMIER

Des droits conférés au Fermier

----

§ I.

Droit de jouir du fonds loué.

Le droit principal, essentiel du fermier consiste, avons-nous dit, dans le droit de jouir de la ferme ou du fonds donné à bail. C'est sur lui, par conséquent, qu'il faut tout d'abord concentrer notre attention. Essayons d'en définir le caractère juridique, d'en déterminer nettement l'étendue.

SECTION I.

CARACTÈRE JURIDIQUE DU DROIT DE JOUISSANCE.

Quelle est au juste la nature de ce droit? Est-il réel ou personnel, mobilier ou immobilier?

I. — *Le droit de preneur est-il réel ou personnel?*

Ce droit constitue-t-il un droit réel, un *jus in re*, un démembrement de la propriété? Ne faut-il, au contraire, voir en lui qu'un simple droit personnel, un *jus ad rem*, une créance de jouissance laissant la propriété subsister intacte aux mains du bailleur? Rien de plus délicat à trancher que cette difficulté. Les dispositions du Code cadrent si mal avec les principes du droit ancien ou moderne! Quelle que soit l'opinion à laquelle on pense devoir se rallier en théorie, on ne saurait contester qu'en fait le fermier a un empire indéniable sur le bien loué; il peut s'en faire attribuer la détention *manu militari* tant que le bailleur en demeure propriétaire; il en jouit. S'il en dispose, s'il en est ainsi le maître dans une certaine mesure, n'est-il pas logique d'en conclure qu'il détient momentanément une parcelle, un démembrement de la propriété, partant qu'il a un droit réel? Ainsi, à moins que l'on ne s'entête à résister à l'évidence même, il faut convenir qu'abstraction faite de tout ce que le droit positif a pu décider, le droit du fermier doit être un droit réel.

Pourquoi les jurisconsultes romains n'ont-ils jamais abouti à ce résultat? Les principes de leur législation les en écartaient et, il faut bien l'ajouter, la pratique ne leur en a vraisemblablement jamais fait sentir la nécessité. En droit romain, jamais les contrats n'ont conféré de droits réels; ils engendraient seulement des obligations. La vente mettait à la charge du vendeur l'obligation de procurer une certaine chose; le louage, qui se confondait primitivement avec la vente et qui a toujours, par la force des choses, conservé avec elle la plus grande analogie, créait, à l'encontre du bailleur, l'obligation de procurer la jouissance du bien loué. Rien de plus; c'était une conséquence du principe qu'un contrat n'est pas translatif de droits réels et ne crée que des liens personnels. Sans doute on aurait pu faire résulter ce transfert de la délivrance; mais, outre que les idées formalistes du droit romain s'y prêtaient fort mal, on n'en a probablement pas entrevu le besoin. Le terme des locations était, en général, fort court, et si l'on eut à craindre, un jour, les dépossessions prématurées, l'emphytéose arriva bientôt pour parer à ce danger.

Le législateur moderne a rejeté ce principe subtil que la convention ne peut pas, par elle-même, transférer un droit réel; la vente investit l'acheteur de la propriété par le seul effet du consentement (art. 1138-1583 C. Civ.). Puis, s'il a supprimé les baux à long terme qui, dans l'ancien droit, conféraient aux preneurs des droits réels et mettaient ainsi leur jouissance à l'abri de toute atteinte, il a, en même temps, rendu le droit de tout preneur opposable à l'acquéreur de la chose louée (art. 1743).

Qu'est-ce à dire? Est-ce que, se rendant à l'évidence, il a voulu reconnaître enfin que le droit positif doit traiter le droit de jouissance du preneur tel qu'il se comporte en fait et le considérer comme un démembrement de la propriété? A-t-il entendu consacrer cette idée que désormais le louage transfèrerait ce droit de jouissance, ce démembrement certain de la propriété comme la vente transfère la propriété elle-même, ainsi que le commande la logique des choses? A-t-il enfin compris, qu'au point de vue économique le crédit même du bailleur réclamait impérieusement cette solution? Telle est la question qui nous arrête et qu'il faut chercher à éclaircir. Il y a un grand intérêt pratique à le faire, car suivant que nous reconnaîtrons ou non au preneur un droit réel, nous devrons, en dehors des conséquences formellement consacrées par la loi, lui accorder ou lui refuser le bénéfice des autres avantages et effets accessoires résultant, en général, de l'existence d'un droit réel, qu'aucun texte ne consacre, d'une manière positive, au profit du preneur.

PREMIER SYSTÈME. — L'opinion qui reconnaît au preneur un droit réel s'appuie à la fois sur les textes et sur les travaux préparatoires.

1° Si le preneur, dit-on dans ce système, n'avait qu'un simple droit personnel, il pourrait sans doute opposer le bail au locateur ou à ses successeurs à titre universel, c'est-à-dire aux continuateurs de sa personne, mais jamais à ses ayants-cause à titre particulier ou à ses créanciers. Cependant l'article 1743 fait défense à l'acquéreur du fonds loué d'expulser le preneur, et l'article 684 du Code de procédure civile prescrit aux créanciers du bailleur de respecter son contrat lorsqu'il a acquis date certaine avant le commandement préliminaire à la saisie. Un acquéreur n'est qu'un successeur à titre particulier, et un successeur à titre particulier n'est pas tenu des obligations de son auteur; rien ne le force, en principe, de respecter le bail consenti par le vendeur. Dès lors, s'il n'y a aucun lien personnel entre le preneur et lui et que néanmoins le bail lui soit opposable, c'est qu'en vertu de ce contrat il a été conféré au preneur un droit sur la chose, un droit qui a entamé momentanément la propriété et qui l'a empêchée de passer pleine et entière aux mains de l'acquéreur; on traduit ce résultat en disant que le preneur a été investi d'un droit de suite.

Le droit de suite n'est pas le seul attribut du droit réel; il faut y joindre encore le droit de préférence; si le preneur n'avait qu'un simple droit personnel, il subirait en cas de déconfiture ou de faillite de son débiteur le concours de tous les créanciers; sa créance serait réduite dans la même proportion que les autres. Or, l'article 684 du Code de procédure civile consacre un résultat tout à fait différent et rend le droit du preneur opposable à la masse. C'est donc qu'avec le droit de suite le preneur possède encore le droit de préférence. En fin de compte, l'ensemble de sa condition juridique présente tous les éléments caractéristiques d'un droit réel. N'est-il pas naturel alors de penser que les rédacteurs de nos Codes ont entendu donner au preneur un droit réel, véritable et complet ?

2° D'ailleurs, poursuit-on, les considérations qui présidèrent à la rédaction de l'article 1743 ne laissent pas de doute à cet égard. Les législateurs entendirent que désormais le locataire eût un droit sur le fonds, c'est-à-dire un droit réel. Cette idée se dégage constamment des travaux préparatoires, et il suffit, pour s'en rendre bien compte, de lire le rapport présenté par le tribun Mouricault au Tribunat. Voici ce qu'il dit notamment à propos de l'article 1743 :

« Le bail ne sera plus résolu par la seule volonté de l'acquéreur de la chose louée; ce ne sera plus, du moins, une faculté attribuée de droit au nouvel acquéreur; il faudra pour qu'elle lui ait été transmise, qu'elle ait été expressément réservée par le bail. »

« Cette faculté prenait sa source dans les lois romaines mais elles ne l'attribuaient qu'à celui qui, par le titre de son acquisition, n'avait pas été chargé de l'entretien du bail. Chez nous, cette stipulation-là même ne le privait pas de la faculté; elle ne le soumettait à autre chose qu'à indemniser le locataire en l'expulsant; elle n'avait pas plus d'effet que la stipulation directe qui l'aurait chargé de payer l'indemnité en l'acquit du vendeur. A l'appui de cette jurisprudence, on disait que *le droit du locataire n'est qu'un droit de créance personnelle; que la tradition qu'il reçoit ne lui transfère aucun droit dans la chose,* pas même celui de possession, puisque le bailleur reste propriétaire et même possède par son locataire; que l'acquéreur, au contraire, reçoit une pleine transmission de propriété. »

« Mais qu'importent ces considérations? N'est-il donc pas de principe qu'on *ne peut transmettre à autrui plus de droits qu'on en a soi-même?* Le vendeur qui, par un bail constaté, s'est dessaisi, pour un temps convenu, de la jouissance de sa chose, qui a promis de garantir cette jouissance au preneur et dont l'obligation principale, en effet, est de faire jouir le preneur, peut-il donc vendre ou léguer à un tiers sa propriété dégagée de cette obligation? On croyait, en attribuant au nouvel acquéreur le droit d'expulsion, favoriser les ventes et l'on décourageait les établissements d'agriculture, d'usines et de manufactures en violant les principes. Il vaut mieux y revenir et conserver à chacun ce qui lui appartient, ce que la convention lui promet et doit lui assurer (1). »

Ainsi le tribun Mouricault répudie l'ancien principe qui n'attribuait au preneur qu'un simple droit de créance. Dans un langage qui, pour n'être pas tout à fait juridique, n'en est pas moins formel, il déclare que le bailleur s'étant « dessaisi de la jouissance de sa chose, » « ne peut pas transmettre à autrui plus de droits qu'il n'en a lui-même. » Peut-on affirmer plus nettement que le preneur a un droit réel?

(1) Fenet, t. XIV, p. 330.

Les observations présentées par le tribun Jaubert dans son discours au Corps législatif reproduisent la même pensée.

En définitive, des travaux préparatoires comme des textes, on voit ressortir l'idée que le droit du preneur est est un droit réel [1].

SECOND SYSTÈME. — Tel n'est pas cependant l'avis de la plupart des interprètes du Code. Le raisonnement des partisans de la première opinion serait démonstratif s'il était absolument impossible d'expliquer, d'une manière satisfaisante, autrement que par l'idée du droit réel, les dispositions des articles 684 du Code de Procédure et 1743 du Code civil.

Or, de l'article 684 Procédure il n'y a aucun argument à tirer; c'est une disposition qui nous vient de l'ancien droit, ce qui n'empêchait pas le droit du preneur d'être personnel. L'article 684, on l'a remarqué avec raison, loin de prouver la réalité du droit du preneur, fournit plutôt un argument à notre système; en effet, le législateur aurait-il eu besoin de régler la situation du preneur à l'égard des autres créanciers si ce preneur avait eu un droit réel [2]?

1° L'article 1743 peut, dans notre opinion, s'expliquer par l'idée d'une intervention de la loi dans les rapports du preneur avec les tiers-acquéreurs de la chose louée. A ne consulter que les principes ordinaires sur l'effet des conventions, le bail n'obligerait pas les tiers-acqué-

____

(1) Troplong, *Louage,* n⁰ˢ 4 et suiv. — Jozon, *Revue pratique,* t. XX, p. 360. — Rozy, *eod. loc.,* p. 468.

(2) Pothier, *Du louage,* n⁰ 305. — Colmet de Santerre, t. VII, p. 299. — Laurent, t. XXV, p. 23.

reurs. Mais, en notre matière, la loi a dérogé au droit commun; elle a voulu, par un motif d'équité, dans l'intérêt de la société comme dans l'intérêt bien compris des preneurs, que l'acquéreur de la chose louée fût personnellement subrogé aux obligations du bailleur. « Si, dit Proudhon, le bail n'est pas, aux termes du Code, résolu comme il l'était anciennement par la vente du fonds, ce n'est pas que le preneur ait véritablement un droit réel en vertu duquel il puisse suivre la chose comme sienne et la revendiquer entre les mains du tiers-acquéreur; mais c'est seulement parce que les auteurs de cette disposition nouvelle ont. voulu que l'aliénation du fonds affermé ne fût consentie ou censée consentie que sous la condition que le tiers-acquéreur y stipulât ou fût censé avoir stipulé l'obligation personnelle d'entretenir le bail [1]. » Ainsi l'obligation de l'acquéreur naît de la loi et non de la convention. Ce n'est pas là une nouveauté. Déjà, dans l'ancien droit, l'acquéreur d'un fonds loué devait subir la jouissance du preneur pendant l'année courante, au moins, et Pothier, se demandant d'où pouvait venir cette obligation, puisque l'acquéreur était un successeur à titre particulier et n'avait point contracté avec le preneur, répondait : « Toutes les obligations ne viennent pas des contrats, il en est qui naissent de la loi; celle dont l'acquéreur est tenu envers le preneur est de ce nombre [2]. »

Voilà donc une nouvelle manière de donner raison de l'article 1743. Il s'agit de savoir si elle concorde mieux que la première avec les textes et les travaux

______

(1) Proudhon, *De l'usufruit,* t. I, p. 110.
(2) Pothier, *Louage,* n° 297.

préparatoires. L'affirmative ne nous paraît pas douteuse.

Prenons d'abord les textes. L'article 1709 définit le louage « un contrat par lequel l'une des parties s'oblige à faire jouir l'autre d'une chose pendant un certain temps et moyennant un certain prix que celle-ci s'oblige de lui payer. » N'est-ce pas la consécration de la doctrine traditionnelle sur l'effet des contrats et du contrat de louage en particulier? L'article 1709 est la reproduction littérale du n° 1 du *Traité du louage* de Pothier. Les termes sont identiques ; ils doivent donc signifier la même chose dans le Code et dans Pothier. Si le bailleur s'oblige à faire jouir le preneur, la conséquence est que l'un est un débiteur et l'autre un créancier; en cette qualité, le preneur a action contre la personne du bailleur : donc le droit que lui accorde l'article 1709 est un droit personnel. Il n'y a pas un mot, dans ce texte, qui fasse supposer l'existence d'un droit réel au profit du preneur. Parmi les articles suivants, ceux qui servent à bien préciser l'étendue de l'obligation du bailleur et réciproquement à déterminer la portée des droits du preneur (article 1719 et suiv.) n'y font pas davantage allusion. Donc, jusqu'ici pas la moindre trace de droit réel.

Nos adversaires nous le concèdent sans difficulté. Mais ils prétendent qu'à côté de ce droit de créance le preneur a encore un droit réel, droit qui est reconnu et consacré par l'article 1743. En cela consisterait l'innovation du législateur : au lieu d'un seul droit, il aurait investi le preneur de deux droits, l'un personnel, l'autre réel. Cette innovation n'aurait rien d'étrange; le bailleur pourrait fort bien transmettre au preneur un droit dans la chose, comme fait le nu-propriétaire à l'usufruitier et de plus s'obliger à lui garantir sa jouissance même contre les cas fortuits. Cela ne serait pas impossible ni contradictoire. L'usufruitier ne cesserait pas d'avoir un droit réel parce que le nu-propriétaire lui garantirait sa jouissance contre les attaques des tiers et même contre les cas fortuits ou, ce qui revient au même, à le faire jouir et à entretenir son usufruit. La loi ne lui a pas imposé cette obligation pour la bonne raison qu'en fait l'usufruit se confère habituellement, pour ne pas dire toujours, sous forme de libéralité et qu'en principe les contrats de bienfaisance ne donnent lieu ni à la garantie de droit ni encore moins à la garantie de fait.

Enfin, si la vente transmet à l'acheteur un droit réel et un droit de créance s'étonnerait-on qu'il en fût de même du louage? La question est donc de savoir si tous les textes concordent avec cette explication de l'article 1743.

Or, cet accord est difficile à établir. Les termes de l'article 1743 lui-même ne se prêtent guère au système contraire. Si l'intention du législateur avait été de donner au preneur un droit réel, n'aurait-il pas dû proclamer bien haut que ce droit existerait à l'encontre de toute personne, à l'égard des tiers qui ne sont pas des ayants-cause, comme à l'égard des ayants-cause qui ne sont pas des acquéreurs. « La spécialité de l'espèce qu'il examine, dit M. Colmet de Santerre, montre que le législateur ne s'est pas élevé jusqu'à la conception d'un droit opposable à tous, d'un droit réel [1]. » La disposition de l'article 1743 se présente, en effet, sous la forme d'une exception aux principes généraux du droit.

Ainsi le texte même qui sert de fondement au système

______

[1] Colmet de Santerre, t. VII, p. 297.

de nos adversaires, loin de consacrer formellement l'innovation qu'ils pensent y trouver, laisse supposer qu'on a conservé la règle ancienne. Mais il y a plus; un droit réel s'affirme d'une manière directe sans relation, sans référence à une personne déterminée, tenue à une prestation en vertu d'un lien d'obligation; celui qui en est possesseur peut agir directement contre quiconque en trouble le libre exercice sur la chose. Le preneur est-il armé d'une pareille action? Les articles 1725, 1726 et 1727 la lui refusent. Ils distinguent entre les troubles de droit et les troubles de fait : s'agit-il de demander réparation des dommages causés par une simple voie de fait? Le preneur a action contre les tiers. Le trouble atteint-il le droit de jouissance lui-même? Il ne peut plus s'en prendre qu'à son bailleur qui seul poursuivra les tiers. Pourquoi ces dispositions, sinon parce que le preneur n'a aucun droit dans la chose, qu'il n'en a pas la possession, qu'il n'a uniquement, comme le disait Pothier [1] et comme le répète, après lui, le tribun Mouricault dans les travaux préparatoires [2], que la seule faculté d'en jouir et qu'en conséquence il n'a pas qualité pour figurer dans un procès où le droit est en cause? Voilà la condamnation la plus catégorique de la doctrine de la réalité.

2° Trouve-t-elle un appui plus solide dans les travaux préparatoires? Nous ne le croyons pas. Qu'on lise la discussion du titre *du louage* au Conseil d'État, l'exposé des motifs de M. Galli, le discours du tribun Jaubert au Corps législatif et même celui du tribun Mouricault, on verra, la rédaction même de l'article 1743 en a déjà fourni une

[1] Pothier, *Louage,* n° 91.
[2] Fenet, t. XIV, p. 326 et 327.

démonstration suffisante, que les rédacteurs du Code se sont inspirés, lorsqu'ils rédigèrent l'article 1743, de considérations purement pratiques.

Le motif qui avait dicté la règle romaine : « *Emptorem necesse non est stare colono,* » leur apparaît comme « une subtilité [1]. » Le principe qu'un successeur à titre singulier ne doit pas, ainsi qu'un successeur à titre universel, être tenu des engagements de son auteur n'est pas conciliable à leurs yeux avec « la foi due aux contrats. » Ils déclarent tout net que « le bail authentique doit être maintenu, parce que son sort ne peut ni ne doit dépendre d'un acte postérieur [2]. » Et cela sans doute pour le motif que le preneur a un droit réel? — Nullement; parce que « la raison ne veut pas que le contrat souscrit par le bailleur devienne résoluble par son seul fait. » Le tribun Mouricault met en avant un autre motif et cherche à justifier la disposition de l'article 1743 par ce principe juridique : « *Nemo plus juris in alium transferre potest quam ipse habet.* » C'est de cette allégation qu'on se prévaut dans l'autre opinion pour soutenir qu'un droit réel de jouissance est conféré au preneur. Il semble qu'on dénature un peu la pensée du tribun; il ne conteste pas que le preneur n'ait qu'une simple créance; il dit seulement que « cela lui importe peu. » Le bailleur ne peut pas expulser le preneur; or, s'il n'a pas ce droit, comment le transmettrait-il aux acquéreurs de la chose louée? Voilà ce que le tribun se demande et telle est bien, en effet, l'idée qui se dégage de ces mots : « Le bailleur peut-il donc vendre à un tiers la propriété *dégagée de cette obligation de faire jouir le preneur?* »

(1) Fenet, t. XIV, p. 314, 251. — (2) *Id.,* p. 251.

Tous ces motifs invoqués ne sont que des prétextes, et voilà pourquoi l'on ne se tourmente pas de savoir s'ils sont justes. On n'a pas entendu renverser de fond en comble la théorie ancienne, mais, pour la battre en brèche sur un point, il fallait trouver des raisons juridiques, et tant bien que mal l'on en donne afin de justifier l'introduction dans la loi d'une exception réclamée par l'intérêt social et par l'intérêt privé.

Le tribun Jaubert donne fort bien à comprendre qu'en écrivant l'article 1743, il agissait uniquement sous l'influence de considérations économiques :

« Une loi de l'Assemblée constituante, dit-il, avait admis une *exception* en faveur des baux des biens ruraux. » — « Il fallait compléter la réforme, » c'est-à-dire élargir l'exception.

C'est donc une erreur de prétendre que la loi du 28 septembre 1791 avait déjà consacré le principe de la réalité. Le tribun Jaubert reconnaît lui-même implicitement que la théorie romaine est restée en vigueur, car il parle d'exception. Mais pourquoi en 1804 complète-t-on la réforme commencée en 1791 ? Parce que la loi de 1791 ne faisait échec au principe que pour les baux d'une durée inférieure à six ans, et que cependant « les baux à longues années sont les plus utiles pour les progrès de l'agriculture. » Le véritable but du législateur n'était-il pas, en effet, d'encourager les établissements d'agriculture, d'usines et de manufactures ? Les rédacteurs du Code, hommes pratiques avant tout, ont pensé qu'une règle économique devait avoir le pas sur un principe juridique et qu'il était essentiel de préférer « l'intérêt de l'agriculture à toute autre considération. »

En définitive, les travaux préparatoires prouvent, aussi bien que les textes eux-mêmes, que les rédacteurs du Code n'ont jamais un instant songé à édifier la théorie de la réalité du droit du preneur.

On a essayé, dans ces derniers temps, d'expliquer autrement que nous venons de le faire la disposition de l'article 1743 et de la présenter comme une application des règles du droit commun. L'auteur de cette tentative fait de l'article 1743 un corollaire de l'article 1167 et une conséquence nécessaire du principe, nouveau selon lui, écrit dans l'article 1134-3° [1].

Voici, ce nous semble, comment il raisonne : Un créancier qui attaque les actes de son débiteur comme faits en fraude de ses droits doit, indépendamment de la participation du tiers à la fraude, établir deux choses : « 1° que son débiteur a agi de mauvaise foi ; 2° qu'en agissant ainsi il s'est rendu insolvable et partant lui a causé un préjudice. » Or, cette double preuve, le preneur qui, par suite de la vente de l'immeuble loué, se trouve menacé d'une expulsion, le preneur n'a pas, disons-nous, de peine à la fournir.

La mauvaise foi est évidente ; le bailleur n'ignore pas son impuissance à procurer à la fois la jouissance de son immeuble à l'acquéreur et au preneur. La seconde condition requise est également remplie. En effet, pourquoi exige-t-on d'un débiteur la preuve que l'acte dont il se plaint l'a rendu insolvable ? Parce que, dans les cas ordinaires, c'est seulement quand il se rend insolvable qu'un débiteur se met dans l'impossibilité d'exécuter son obligation. Il suffit donc d'établir cette impossibilité, car l'article 1167 a pour raison d'être le principe d'équité qui ne permet pas que l'on puisse « se mettre en contra-

____

(1) L. Giraud. Une nouvelle explication de l'article 1743. *Revue pratique*, 1880, p. 493.

vention, avec la foi promise et méconnaître l'existence d'une dette antérieure, quelque personnelle qu'elle soit, en rendant son exécution impossible.

Cette argumentation a pour elle, sans contredit, le mérite de la nouveauté; mais qu'elle soit conforme aux principes et qu'elle explique la disposition de l'article 1743, c'est ce dont nous nous permettrons de douter.

L'article 1743 n'a de l'article 1167 ni le fondement, ni la sanction. L'article 1167 s'appuie, tout le monde le sait, sur le principe de l'article 2093 : « Les biens du débiteur sont le gage commun de ses créanciers. » Un débiteur reste maître de disposer de son patrimoine ; mais cette liberté, si large qu'elle soit, a cependant sa limite : il ne peut pas, de concert avec des tiers, faire aucun acte de disposition frustratoire pour ses créanciers. S'il est permis de considérer les créanciers comme ayant consenti à tous les actes de libre administration du patrimoine, on ne saurait aller jusqu'à supposer qu'ils approuvent le détournement de leur gage. Par conséquent, un acte auquel ils sont restés étrangers et qui néanmoins aliène leur gage ne leur est pas opposable. Aussi l'article 1167 leur donne-t-il, avec raison, le droit de l'attaquer. — La situation du preneur est-elle identique? Évidemment non. Nul texte n'a dit que la jouissance de l'immeuble loué serait un gage spécialement affecté à la garantie de sa créance. L'article 1743 ne dérive donc pas du même principe que l'article 1167.

Il n'en a pas davantage la sanction; l'article 1167 autorise l'annulation de l'acte du débiteur dans l'intérêt du créancier. — Est-ce que l'article 1743 autorise l'annulation de la vente du fonds loué dans l'intérêt du preneur, l'annule même de sa propre autorité et l'annule partiellement et momentanément pour ce qui est relatif au droit de jouissance, de telle sorte que le droit de jouissance retournant aux mains du bailleur, c'est ce même bailleur qui resterait obligé vis-à-vis du preneur? En aucune façon. Il met à la charge de l'acquéreur une obligation qui était née sur la tête du vendeur. On ne saurait donc pas trouver de relation, même au nouveau point de vue où nous nous sommes placés, entre l'article 1167 et l'article 1743, et sous tous les rapports, la *nouvelle explication* est impuissante à justifier cette dernière disposition.

Aussi faut-il nous en tenir à l'explication donnée par la majorité des auteurs.

Le preneur n'a qu'un droit de créance. Cette idée nous conduit, en pratique, à des résultats différents de ceux que nous admettrions s'il avait été en même temps investi d'un droit réel. Voici les plus importantes de ces conséquences :

1° Les acquéreurs à titre particulier de l'immeuble loué succèdent à l'obligation de faire jouir le preneur; ils ne seraient tenus qu'à le laisser jouir, s'il avait un droit réel.

2° Le preneur n'aura d'action que contre le bailleur ou ses représentants; d'un droit réel aurait découlé pour lui le droit d'agir contre tout détenteur de la chose louée.

3° Le jugement rendu contre le bailleur sera opposable au preneur; il ne le serait pas dans le système de la réalité.

4° Le preneur pourrait certainement opposer son droit à un preneur postérieur s'il jouissait d'un droit réel. Dans notre opinion, le conflit ne saurait se régler de la même manière. Les deux preneurs sont des créanciers chirographaires ; la priorité de date ne peut plus être une cause de préférence entre eux. Les auteurs et la jurisprudence sont d'ailleurs en désaccord pour savoir ce qu'il faut prendre en considération afin de trancher cette difficulté. On distingue généralement si l'un des preneurs a la possession et si nul ne l'a. Dans le premier cas, le possesseur sera maintenu, parce que son adversaire est dans l'impossibilité de faire valoir son droit contre lui, n'ayant qu'un droit de créance contre le bailleur [1] ; dans le second cas, aucun principe n'indique comment il faudra régler le conflit. Nous donnerions volontiers, avec M. Laurent [2], la préférence au premier, car, en contractant avec lui, le bailleur s'est retiré légalement la faculté de faire la délivrance au second.

5° Dans notre système, le preneur ne pourra agir que devant le tribunal du défendeur ; s'il avait aussi un droit réel, le tribunal de la situation de l'immeuble deviendrait compétent (art. 59 Proc.).

6° Le droit du preneur étant personnel, il en résulte qu'il est mobilier, qu'il entre en communauté, passe au légataire des meubles, peut être aliéné par le tuteur sans plus de formalités qu'il n'en faut pour un meuble, etc.

Toutefois cette dernière conséquence a été récemment contestée par un partisan même du système de la personnalité. C'est pourquoi nous examinerons tout à l'heure si le droit du preneur est mobilier ou immobilier.

Voyons auparavant sous quelles conditions le preneur est autorisé à opposer son droit à l'acquéreur. L'article 1743 exige au moins deux conditions : 1° il faut que le

(1) Douai, 3 avril 1870. — *Contrà*, Rouen, 15 mars 1869.
(2) Laurent, t. XXV, p. 139.

bail n'ait pas réservé à l'acquéreur le droit d'expulsion; 2° qu'il ait acquis date certaine avant l'aliénation; c'est le droit commun. Si l'acquéreur se prévaut de l'inaccomplissement de cette condition, un recours est, bien entendu, réservé au preneur contre le bailleur qui est tenu de lui procurer une jouissance effective pendant toute la durée du bail. Dans cette hypothèse, comme dans le cas où une clause du bail a expressément réservé pour l'acquéreur le droit d'expulsion, il est admis que le congé ne peut pas être donné sans l'observation des délais d'usage (art. 1748). Quelques auteurs ont prétendu que l'article 1743 mettait une troisième condition à l'exercice du droit qu'il confère au preneur. Il faudrait que le preneur détînt déjà l'immeuble loué. On argumente du mot *expulser* dont se sert la loi : on n'expulse qu'un preneur à qui délivrance a été faite.

Cette interprétation restrictive n'a pas été admise; rien dans les textes, ni dans les travaux préparatoires ne l'autorise. Si l'on prend ces derniers on voit que le législateur emploie le mot *expulser* dans le sens de rompre le bail; la loi de 1791 à laquelle se rattache l'article 1743 parle de résiliation du bail.

Enfin, pour les baux d'une durée de plus de dix-huit années, la loi du 23 mars 1855 (art. 2-4°) exige une autre condition; il faut qu'ils soient transcrits.

II. — *Le droit du preneur est-il mobilier ou immobilier?*

Pour ceux qui croient à la réalité du droit du preneur, la question ne saurait faire de doute. Ils ont beau le nier, un tel droit constituerait un démembrement de la propriété; il serait donc immobilier. A l'inverse, il semble que, du moment qu'on proclame la personnalité du droit du preneur, il faut admettre, en même temps, qu'il est mobilier.

Pourtant la plus grande incertitude règne dans la doctrine. Les partisans de la réalité font prédominer le caractère personnel et arrivent par ce moyen à traiter dans l'application le droit du preneur comme un droit mobilier.

Dans le camp opposé, il n'a pas paru conséquent à tout le monde de conclure de la personnalité de ce droit à son caractère immobilier. D'après M. Colmet de Santerre [1], le droit du preneur, quoique personnel, est immobilier. Le désaccord provient de l'obscurité que le Code a laissé planer sur la classification des biens incorporels en meubles et immeubles. Le législateur, en effet, a oublié d'assigner une place dans la distinction des biens meubles et immeubles aux créances corrélatives à des obligations de faire ou de ne pas faire, et le droit du preneur est précisément une créance de cette nature. « L'obligation du bailleur, dit M. Colmet de Santerre, est à la vérité, une obligation de faire, faire jouir le preneur de la maison ou de la ferme. »

Quel est donc le caractère des créances corrélatives à des obligations de faire? A quoi reconnaîtra-t-on si elles sont mobilières ou immobilières? La loi est muette sur ce point et les articles 526 et 529 ne fournissent que le moyen de classer les créances correspondant à des obligations de donner. On n'arrivera jamais à trouver, dans ces deux textes, d'autre règle que celle-ci : « Est immobilière l'action qui tend à procurer un immeuble, mobilière l'action qui tend à procurer un meuble » (*Rapp.*, art.

____

[1] Colmet de Santerre, t. VII, p. 225.

1126). C'est la reproduction de la règle que nos anciens auteurs formulaient ainsi : « *Actio quæ tendit ad mobile, mobilis est; actio quæ tendit ad immobile est immobilis*[1]. » En présence du silence des textes relativement aux créances d'un fait, nous devons ou renoncer à leur attribuer une place dans la distinction des biens meubles ou immeubles, parti que l'article 516 nous défend de prendre, ou nous en rapporter à la tradition et les déclarer meubles [2].

Nous admettons, avec la tradition et la majorité des auteurs [3], que la créance résultant d'une obligation de faire est un meuble. Si donc la créance du preneur correspondant à une obligation de faire, on voit à quelle conclusion nous sommes forcé d'aboutir. Pour échapper à ce résultat et devant l'impossibilité de faire rentrer la créance du preneur dans la catégorie des droits corrélatifs à des obligations de donner, M. Colmet de Santerre s'efforce d'élargir la portée des textes. Ce que le preneur réclame, c'est la délivrance de la chose louée ; or, que l'on ait droit à la propriété d'un immeuble ou simplement à sa délivrance, qu'importe ? « La loi n'a pas dit, dans l'article 529, que la nature de l'obligation dépendait de la nature de l'objet dont la propriété était promise, elle parle de l'objet de l'obligation. »

Supposons, ce qui est déjà très-contestable, que l'article 526 contienne une lacune évidente au lieu d'une expression impropre, et que l'article 529 puisse seul nous fournir un criterium pour déterminer le caractère mobilier ou immobilier des créances, il resterait encore,

---

(1) Pothier, *De la comm.*, n° 69.

(2) *Id...., Introd. gén. aux cout.*, n° 50.

(3) Demolombe, t. IX, n°ˢ 372 et suiv. — Laurent, t. V, n° 490.

à notre sens, dans ce raisonnement, une double inexactitude : 1° l'objet de la créance du preneur n'est ni la délivrance d'un immeuble, ni encore moins un immeuble délivré en vue de sa jouissance, c'est la faculté de jouir, car telle est, en réalité, la chose que le bailleur est obligé de donner. Le bailleur s'est obligé à faire jouir le preneur, c'est-à-dire non-seulement à délivrer l'immeuble, mais encore à l'entretenir et à en garantir la jouissance même contre les cas fortuits.

2° Puis, quand bien même le simple usage de l'immeuble serait l'objet du contrat (art. 1127), il faudrait, suivant nous, pour que le droit du preneur puisse revêtir un caractère immobilier, que le droit à l'usage du fonds loué soit un immeuble; l'article 529 nous dit bien, en effet, qu'une obligation est un meuble lorsqu'elle a pour objet un effet mobilier, mais de l'article 1126 il ressort que l'objet d'une l'obligation c'est la chose qu'on a promis de *donner,* de faire ou de ne pas faire. Or, le mot *donner* n'est pas employé ici dans son sens vulgaire; il a une signification juridique précise. L'acte qu'il exprime, la dation, c'est la translation d'un bien, meuble ou immeuble, corporel ou incorporel, mais jamais la simple délivrance de ce bien.

En résumé, de deux choses l'une : ou il faut, ainsi que nous paraissent l'ordonner les principes admis en matière de louage, considérer l'obligation dont le bailleur est tenu, et d'où dérive la créance du preneur, comme une obligation de faire, et alors le droit du preneur est mobilier, ou il faut la considérer comme une obligation de donner, *dare,* c'est-à-dire de transmettre un meuble ou un immeuble, et alors la chose transmise c'est le droit de jouir de l'immeuble loué; or, cette jouissance n'étant pas un immeuble, logiquement, on doit convenir que le droit du preneur n'est pas immobilier.

Ainsi, le droit de jouissance du preneur est un droit personnel et mobilier. Voyons maintenant quelle est son étendue.

SECTION II.

ÉTENDUE DU DROIT DE JOUISSANCE.

Pour se faire une idée exacte et complète de l'étendue et de la portée du droit de jouissance, il est bon de considérer successivement son objet, les obligations qu'il crée à la charge du bailleur et sa durée.

I. — *Objet.*

Le droit du fermier porte sur la chose louée et sur ses accessoires. La disposition de l'article 1615, relative aux accessoires, n'est pas reproduite au titre du louage, mais elle s'impose d'elle-même et se déduit forcément des principes. « La chose, dit le tribun Mouricault, doit être livrée avec tous ses accessoires, sans quoi la délivrance ne serait pas complète (1).

Que comprennent les accessoires ?

1° Du droit de jouir des accessoires peut-on faire découler le droit de jouir de l'alluvion qui se forme au cours du bail? — On l'enseigne généralement. Néanmoins cette opinion ne nous paraît pas fondée. Le fermier a le droit de jouir de tout ce qui lui a été loué, mais non de ce qui

(1) Locré, t. VII, p. 199.

ne lui a pas été loué; or, l'alluvion ne lui a pas été louée; elle ne le pouvait point puisqu'elle n'existait pas. Les terres d'alluvion, accessoires au sens de l'article 556, ne sont pas des accessoires au sens où nous les entendons en matière de louage, c'est-à-dire des choses destinées à l'usage du fonds loué; elles sont susceptibles de faire elles-mêmes l'objet d'une location distincte et identique à celle déjà accordée. Cela est si vrai, que quelques partisans de l'affirmative prétendent faire subir une augmentation au fermage, calculée d'après les données qui ont servi à établir le fermage lui-même. Mais en vertu de quelle règle? Est-ce que le fermage n'a pas été définitivement fixé dans le contrat? Est-il donc de principe que le preneur doit un prix à part à raison des accessoires? Ce résultat que l'équité imposerait est la condamnation de leur doctrine [1].

2° Le fermier a-t-il, dans le silence du contrat, le droit de chasse sur le fonds loué? — Trois systèmes se sont produits à ce sujet : l'un admet que le droit de chasse appartient au fermier à l'exclusion du propriétaire [2]. — Un autre prétend que le propriétaire et le fermier peuvent l'exercer concurremment [3]. — Enfin, une dernière opinion, généralement admise, considère le droit de chasse comme réservé au propriétaire [4]. — Nous ne croyons pas devoir nous ranger à aucune de ces opinions.

Le gibier que procure la chasse a sans doute une certaine valeur, mais ce n'est pas un fruit du fonds. Ainsi le décidaient déjà les jurisconsultes romains. On ne saurait

---

(1) Laurent, t. XXV, p. 189. — *Contrà :* Aubry et Rau, t. IV, p. 470 ; Demolombe, t. X, p. 70.

(2) Duvergier, t. I, p. 73. — Laurent, t. XXV, p. 190.

(3) Duranton, t. IV, p. 286.

(4) Aubry et Rau, t. IV, p. 470.

donc considérer la poursuite du gibier comme une récolte de fruits. On nous objecte que le droit de chasse est un attribut de la propriété et que le preneur a la jouissance de tous les avantages que la propriété procure. C'est aller un peu vite en besogne. La chasse qui est, en fait, la plupart du temps, un exercice d'agrément, constitue, en droit, un mode de jouissance du fonds, d'accord ; mais comment établir que le fermier a droit à tous les avantages que la propriété donne, c'est-à-dire à l'exercice de tous les attributs dont se compose le droit d'user et de jouir? L'article 1728 ne déclare-t-il pas formellement que le preneur « sera tenu d'user de la chose louée *suivant la destination qui lui a été donnée par le bail ou suivant celle présumée d'après les circonstances.* » La difficulté se ramène donc à une question de fait. Quelle est l'étendue du droit conféré au fermier? Dans ce droit a-t-on compris l'exercice du droit de chasse? Cela dépend de la volonté manifestée par les parties et, à défaut, des circonstances, c'est-à-dire des précédents et des usages locaux. On pourrait, par exemple, induire du fait que les propriétaires d'une contrée, lorsqu'ils veulent garder le droit de chasse, se le *réservent* formellement par une clause du bail, on pourrait, disons-nous, en induire que, dans cette contrée, le droit de jouissance du fermier comporte d'après les usages, le droit de chasser. Le fermier qui n'a pas le droit de chasse, peut, sans aucun doute, demander, par action civile, réparation du dommage matériel que lui a causé un délit de chasse commis par un tiers sur le fonds qu'il a loué. Mais pourrait-il en poursuivre correctionnellement l'auteur?

La question est fort controversée. La Cour de cassation l'a très-nettement et très-juridiquement résolue, suivant nous, dans un arrêt du 5 avril 1866 [1]. D'après elle, le fermier n'est recevable à demander réparation d'un délit de chasse, devant le tribunal correctionnel, qu'autant que le préjudice dont il se plaint résulte du délit en lui-même et non d'un simple fait de chasse. Aux termes de l'article 26 de la loi du 3 mai 1844, la plainte ne peut, en effet, émaner que de celui dont le droit a été violé, c'est-à-dire habituellement du propriétaire de la chasse. Mais, en vertu de l'article 11-2° le fait de causer, en chassant, un dommage aux récoltes sur pied est une circonstance aggravante du délit, permettant d'élever l'amende au double. Ce fait devient donc alors un élément constitutif et inséparable du délit et se confond avec lui; la conséquence en est que le fermier, au cas où les terres ne sont pas dépouillées de leurs fruits, est lésé par le *délit lui-même* et non par un simple fait de chasse; voilà pourquoi le droit de poursuite en police correctionnelle doit lui être accordé dans cette hypothèse.

Le fermier a encore un autre moyen d'atteindre pénalement ceux qui chassent sur les terres qu'il tient en location. Ce moyen est indirect. En vertu des articles 471-13° et 475-9° du Code pénal, il peut poursuivre quiconque *passe* sur sa terre préparée ou ensemencée.

Cette action, devant le tribunal de simple police, lui est, en quelque sorte, encore plus avantageuse, car elle est plus générale et peut être intentée même contre le propriétaire et contre un locataire du droit de chasse. En effet, le propriétaire qui afferme un bien rural, étant tenu de procurer une jouissance complète, se dessaisit

____

(1) Ch. crim., 5 avril 1866; Sirey, 66. 1. 412. — *Contrà,* Riom, 21 Décembre 1864; Sirey, 65. 2. 270.

par cela même du droit de passage sur les terrains préparés, ensemencés ou chargés de récoltes; il ne lui est donc plus permis ni d'user de ce droit, ni d'en transmettre la jouissance au tiers à qui il loue la chasse. La jurisprudence est fixée en ce sens [1].

3° Ce que nous avons dit de la chasse s'applique à la pêche; le droit de pêche appartient au fermier si les parties l'ont ainsi décidé ou si seulement cela résulte des circonstances.

II. — *Obligations du bailleur.*

Le bailleur est tenu : 1° de délivrer la chose louée avec ses accessoires; 2° de l'entretenir en bon état pendant toute la durée du bail; 3° d'en garantir la jouissance.

I. *Obligation de délivrance.* — Nous connaissons déjà l'objet de cette obligation, mais il nous reste encore, pour la bien déterminer, à éclaircir trois points relatifs à l'état dans lequel le fonds doit être délivré, à la contenance du fonds et à l'époque de la délivrance.

1° En quel état le fonds doit-il être délivré? — L'article 1720 répond qu'il doit l'être « en bon état de réparations de toute espèce. » L'obligation imposée au bailleur est donc plus étendue que celle du vendeur et du nu-propriétaire à l'égard de l'acheteur et de l'usufruitier (art. 600, 1614). L'acheteur et l'usufruitier prennent la chose dans l'état où elle se trouve au moment où la proprieté leur en

(1) Cass., Ch. crim., 6 juillet 1876; Dalloz, 77. 1. 141. 2 avril 1881; Dalloz, 81. 1. 279. — En ce sens : Blanche, *Code pén.*, t. VII, nos 191, 376, 205 et 206.

est transmise. On comprend le caractère plus strict de l'obligation du bailleur : il s'oblige à faire jouir le preneur ; il faut donc qu'il mette la chose dans un état tel que celui-ci puisse en jouir, c'est-à-dire en bon état de réparations même locatives. Mais cette obligation peut être modifiée ou atténuée par la convention, étant seulement de la nature du contrat ; le bailleur reste libre de stipuler qu'il ne sera pas tenu de faire ces réparations.

Faute d'exécuter les réparations nécessaires, le propriétaire est exposé à payer des dommages et intérêts. Le fermier aurait même le droit de demander à la justice l'autorisation de les faire exécuter à ses dépens. La jurisprudence va plus loin : elle lui permet de retenir une portion de fermage correspondant à la moins-value locative résultant de l'inexécution des travaux de réparations. Elle s'appuie sur cette idée que, dans tout contrat synallagmatique, une partie peut (art. 1184), sans qu'il soit besoin, pour cela, d'une mise en demeure, demander la réduction de ses obligations, en raison de la circonstance que l'autre n'a pas accompli les siennes. Le paiement de fermage est, en effet, corrélatif à l'obligation de délivrer en bon état [1]. Cette concession est excessive et peu juridique : elle autorise le fermier à se faire justice à lui-même [2].

2° Lorsque, dans le contrat, le bailleur a attribué une certaine contenance au fonds affermé et que la contenance déclarée est inférieure ou supérieure à celle que le fonds a en réalité, il y a lieu, d'après l'article 1765,

_____

(1) Aubry et Rau, t IV, p. 366. — Douai, 24 mars 1847 ; Sirey, 48. 2. 190. — Paru, 17 mai 1865 ; Sirey, 65. 2. 199.

(2) Laurent, t. XXV, p. 118.

à diminuer ou à augmenter le prix suivant les règles exprimées au titre de la vente (articles 1617 à 1627). Il faut donc voir si le prix a été fixé en bloc ou proportionnellement à la quotité des mesures.

Si le bail a été fait à raison de toute la mesure, si l'on a dit, par exemple : Je vous afferme à raison de 50 francs l'hectare ma terre qui a 50 hectares, ou : je vous afferme une terre de 50 hectares 2,500 francs à raison de 50 francs l'hectare, tout déficit ou excédant de contenance donne lieu à une diminution ou à une augmentation proportionnelle du prix. Les parties ont, en effet,. montré qu'elles attachaient de l'importance à l'exactitude du nombre des mesures. Si donc la terre affermée a 49 ou 51 hectares, le fermier aura à payer 2,450 ou 2,250 francs. L'excédant de mesure atteint-il un vingtième de la contenance assignée, 52 hectares 50 ares dans notre espèce? Le fermier peut à son choix accepter le maintien du contrat avec augmentation de prix ou sa résolution; il ne saurait forcer le propriétaire à limiter la ferme à la contenance déclarée. Y a-t-il déficit d'un vingtième de la contenance promise? nul moyen pour le fermier de se départir du contrat. Toutefois, il en aurait le droit s'il était démontré que ce déficit l'empêche d'atteindre le but qu'il se proposait en affermant (art. 1676).

Quand le bail est fait pour un prix en bloc avec indication de la mesure, mais non à raison de tant la mesure, comme les parties attachent peu d'importance. à l'exactitude de la contenance, la loi décide qu'il n'y a lieu à augmentation ou diminution de prix que si la différence entre la contenance déclarée et la contenance réelle produit, eu égard au prix total, une différence de valeur d'un vingtième au moins. Le calcul du vingtième ne se fait plus ici d'après le terrain en plus ou en moins, mais d'après la valeur locative comparée au prix du bail. Si le contrat comprend plusieurs immeubles avec indication de la contenance de chacun et qu'il se trouve plus dans l'un et moins dans l'autre, on fait compensation et le prix ne sera augmenté ou diminué qu'autant qu'il existera une différence d'un vingtième au moins. La différence est-elle d'un vingtième en plus? Le fermier doit fournir le supplément de prix ou se désister du contrat. Est-elle d'un vingtième en moins? La diminution est possible, mais le désistement ne l'est qu'autant que le fonds est impropre à l'usage auquel on le destinait.

Toutes les fois que le fermier se désiste, la restitution des frais est due avec des dommages et intérêts, s'il y a lieu.

On a un an à partir du jour du contrat pour agir soit en résiliation, soit en supplément ou diminution de prix (art. 1622).

3° Le temps où le propriétaire doit faire la délivrance est fixé par la convention ou l'usage des lieux. Lorsqu'au terme fixé, le bailleur par sa faute ou son fait n'exécute pas son obligation, le fermier, après sommation de délivrer restée sans effet, a le choix de faire prononcer par la justice sa mise en possession ou la résolution du contrat avec des dommages et intérêts, s'il a éprouvé un préjudice. Mais quand le bailleur établit que le défaut de livraison provient d'événements de force majeure ou de cas fortuits, on ne saurait le condamner à des dommages et intérêts (art. 1148).

4° Le propriétaire doit lever tous les obstacles que des tiers opposeraient, même par simples voies de fait, à l'entrée en jouissance du preneur. L'article 1725 ne s'applique, en effet, qu'aux voies de fait apportées à la jouissance postérieure à la délivrance.

II. *Obligation d'entretien.* — Le bailleur a, pour deuxième obligation, celle d'entretenir le fonds, pendant toute la durée du bail, en état de servir à l'usage auquel il a été destiné. Mais il n'est plus tenu, comme au début du bail, à toutes les réparations; la loi en excepte les réparations locatives qu'elle met à la charge du fermier (art. 1720-2°).

Le fermier devant rendre le fonds tel qu'il l'a reçu, on comprend qu'il lui soit demandé compte des dégradations résultant même du simple fait de jouissance. A quoi reconnaître une réparation locative d'une grosse réparation? La loi ne contient aucune règle positive à cet égard, mais il est naturel de s'en rapporter aux usages locaux, d'autant mieux que l'article 1754 y renvoie pour les baux de maisons et que Pothier, à qui le législateur a emprunté cette disposition, assimilait aux baux urbains les baux à ferme [1].

Ainsi, les réparations locatives incombent au fermier. Seules, les grosses réparations, c'est-à-dire celles qui sont, en général, nécessaires pour tenir le fermier *clos et couvert,* suivant la formule usitée jadis mais un peu étroite, et pour mettre en sûreté ses bestiaux, ses instruments et ses récoltes sous les bâtiments qui les abritent, restent imposées au bailleur. Son obligation est cependant subordonnée à deux conditions : 1° il faut que ces réparations soient nécessaires; 2° qu'elles n'aient pas

(1) Pothier, *Louage,* n° 205.

été occasionnées par la faute du preneur. Si le bailleur ne se soumet pas à son obligation, le fermier peut obtenir de la justice l'autorisation de faire exécuter les réparations à sa place et à ses frais. C'est le sort de toutes les obligations de faire, lorsqu'elles sont susceptibles d'une exécution ne portant aucune atteinte à la liberté individuelle. Le fermier pourrait même, lorsqu'elles sont indispensables, y procéder de son plein gré, sans avoir préalablement mis en demeure le propriétaire ou demandé l'autorisation de justice et s'en faire indemniser. Il aurait alors un recours comme gérant d'affaires [1].

Le rapprochement de l'article 1722 de l'article 1720-2° a fait naître une difficulté pour le cas où la réparation serait nécessitée par un cas fortuit. 1° Une première opinion se fondant sur la généralité des termes de l'article 1720-2° dit qu'il ne faut pas distinguer là où la loi ne distingue pas, et que le fermier pourra, dans tous les cas, même lorsque la cause d'où provient la nécessité d'une réparation est un cas fortuit, exiger une réparation et non pas seulement choisir entre une diminution de prix avec l'obligation de garder la chose telle que l'a rendue le cas fortuit ou une résiliation du bail sans dédommagement [2]. — 2° La seconde opinion se flatte avec raison d'être plus logique; elle n'entend nullement porter atteinte à la disposition générale de l'article 1720-2°, mais elle veut qu'on respecte aussi le texte de l'article 1722, parce qu'il s'occupe d'une tout autre hypothèse; en un mot, elle reproche au premier système de confondre à tort deux choses parfaitement distinctes : une réparation

) [1] Troplong, II, p. 351. — Aubry et Rau, 5366.
) [2] Troplong, n° 220.

et une reconstruction; une réparation nécessitée par
un cas fortuit doit être faite, l'article 1720-2° l'exige;
mais une reconstruction nécessitée par la même cause
ne peut pas être imposée au bailleur, aux termes de l'article 1722. Sans doute, il sera quelquefois difficile, en
fait, de distinguer une simple dégradation de la chose
louée, laissant celle-ci dans son intégrité, d'une destruction partielle. Mais cette distinction se conçoit en théorie. Le juge appréciera en s'aidant, au besoin, de l'avis
des gens de l'art.

La jurisprudence et la majorité des auteurs sont en
ce sens [1].

III. *Obligation de garantie.* — La troisième obligation du bailleur est de procurer au fermier, pendant toute
la durée du bail, la jouissance complète et paisible des
avantages que le contrat lui a promis (art. 1719-3°).
Or, le droit du fermier corrélatif à cette obligation peut
être amoindri soit par des vices ou des défauts de la
chose louée, par un cas de force majeure, soit par des
troubles émanant du bailleur ou des tiers.

A) *Vices ou défauts de la chose louée.* — Le fermier
a-t-il à se plaindre d'un vice de la chose louée? Garantie lui est due par le bailleur; en effet, le bailleur s'est
obligé à le faire jouir; il manquerait à son obligation
s'il lui livrait une chose infectée d'un vice qui apporterait
quelque entrave à la jouissance espérée et promise. Quelle
est la portée, quels sont les effets de cette obligation?

a) *Portée.* — Sur la portée la loi a paru peu claire; de

____

[1] Paris, 27 juillet 1850; Dall., 51. 2. 141. — Alger, 10 juillet
1868; Dall., 69. 2. 29. — Aubry et Rau, t. IV, p. 474. — Laurent,
t. XXV, p. 119.

là des hésitations et des dissidences dans la doctrine et dans la jurisprudence. Le Code a-t-il eu l'intention de rompre avec la tradition? Faut-il, au contraire, décider que la règle autrefois admise doit nous servir de guide dans l'interprétation de l'article 1721? Il est des auteurs [1] qui partagent ce dernier avis et qui pensent, avec Pothier, que les vices doivent empêcher entièrement l'usage de la chose louée et être cachés pour donner lieu à la garantie. Ce sont là, à notre sens, deux restrictions qui ne sont pas écrites dans la loi et que nous n'avons pas le droit d'y introduire. Le texte de l'article 1721 est général et ne reproduit pas la formule de Pothier; d'après lui, il suffit que les vices empêchent non pas entièrement mais simplement l'usage de la chose. Cette doctrine est plus conforme aux principes que celle de Pothier; en matière de vente, l'acheteur a droit à la garantie, non-seulement quand la chose est impropre à l'usage auquel on la destine, mais aussi quand cet usage est diminué (art. 1641). Or, les obligations du bailleur, en ce qui concerne l'état de la chose, sont plus étroites que celles du vendeur. Il doit la délivrer en bon état, tandis que le vendeur la délivre dans l'état où elle est [2]. — En second lieu, nous ne croyons pas davantage qu'il faille restreindre la garantie aux vices cachés. La limitation, quoique conforme à l'opinion de Pothier, n'en est pas moins contraire au texte; elle aboutit à créer, en dehors de la loi, une présomption légale! De ce que le fermier a connu les vices avant le bail, est-il permis d'induire qu'il a renoncé à la garantie? On pourra l'établir en fait, mais rien

---

[1] Pothier, nos 110 et 113. — Aubry et Rau, t. IV, p. 478.
[2] Duvergier, t. I, p. 320. — Laurent, t. XXV, p. 124.

n'autorise à le présumer; n'a-t-il pas pu croire, puisqu'on s'engageait à le faire jouir, qu'on aurait soin de corriger ces vices [1] ?

Mais cette supposition nous ne pouvons plus la faire lorsque les vices sont des inconvénients, des défauts naturels de la chose. Il suffira, par conséquent, d'établir par tout moyen de preuve que le preneur en a certainement connu l'existence. En pareille hypothèse, s'il a loué, c'est qu'il trouvait des avantages à le faire et qu'il acceptait la situation [2].

b) *Effets*. — En matière de vente, l'acquéreur d'une chose infectée d'un vice peut demander soit la résiliation du contrat, soit la diminution du prix. Un fermier jouit-il de la même alternative? La loi ne s'en explique pas formellement, mais la solution à donner à cette question ne souffre aucune difficulté. Le droit de demander la résolution du contrat résulte des principes généraux; le louage étant un contrat synallagmatique et le bailleur qui ne procure au fermier qu'une jouissance incomplète n'exécutant pas son obligation, il va de soi que le fermier peut faire résilier la convention qui le lie, en vertu du principe consacré par l'article 1184. Mais il est libre également, s'il le préfère, de respecter le contrat et de faire réduire le fermage, car l'article 1721, l'autorisant à réclamer du bailleur une indemnité pour la perte que lui occasionne une jouissance incomplète, le moyen le plus simple de l'indemniser du dommage futur, s'il est impossible de faire disparaître le vice, consiste à diminuer le

----

(1) Colmet de Santerre, t. VII, p. 247. — Laurent, t. XXV, p. 125. — *Contrà*, Bordeaux, 28 mai 1841 ; Dall., *Rép.*, V° *Louage*, n° 197.

(2) Laurent, t. XXV, p. 126. — Aubry et Rau, t. IV, p. 478.

prix du bail. Mais, on le voit, outre la résiliation ou la réduction du prix, le fermier peut également, et d'une manière générale, réclamer des dommages et intérêts, quand un vice du fonds lui a causé un préjudice. Pourtant, malgré la généralité des termes de l'article 1721, on est d'accord pour en écarter l'application dans certains cas. C'est lorsque le vice existe indépendamment de toute faute imputable au bailleur, car l'obligation de payer des dommages et intérêts a pour cause soit un dol, soit à tout le moins une faute. Par application de cette idée, la plupart des auteurs admettent que le fermier ne peut pas demander des dommages et intérêts pour les vices qui ne sont survenus que depuis le contrat; dans cette hypothèse, le bailleur n'est pas en faute. Cette restriction apportée à l'article 1721 était adoptée par Pothier (n°s 116 et 117); elle est, de plus, conforme aux principes du droit commun en matière de dommages et intérêts (art. 1147).

On est moins d'accord, en doctrine comme en pratique, pour admettre une autre exception relativement aux vices dont le bailleur ignorait l'existence au moment du contrat. La raison de douter vient du texte même de la loi : après avoir déclaré, dans son premier alinéa, que le bailleur est tenu à garantie même pour les vices qu'il n'aurait pas connus lors du bail, l'article 1721 pose en règle, dans le second alinéa, qu'une indemnité est due pour la perte occasionnée par *ces* vices. Le texte n'autorise donc aucune exception. Il faut, en outre, considérer qu'en cela il ne fait qu'appliquer le droit commun (art. 1150). On objecte que le bailleur n'est pas en faute parce qu'il n'a pas connu les vices, et, pour cette raison, on prétend qu'il ne peut pas être condamné à des dommages et intérêts; pas de dommages et intérêts sans faute, c'est la règle. Le législateur en a fait l'application en matière de vente (art. 1645 et 1646); par analogie, nous devons étendre le bénéfice de cette règle au bailleur de bonne foi. La réponse à cette objection est facile : la bonne foi n'empêche pas le bailleur d'être en faute; il ne connaissait pas les vices, c'est vrai, mais il aurait dû, puisqu'il louait son fonds pour un certain usage, se préoccuper de savoir si aucun vice ne la rendait impropre à cet usage; voilà pourquoi, en principe, il est en faute. Le vendeur de bonne foi est également en faute, mais la loi établit, en sa faveur, une exception aux principes, — on hésite même, en doctrine, à croire à l'existence de cette exception [1], — tandis que le bailleur ne peut se prévaloir d'aucune disposition analogue; force est donc de décider que le bailleur reste sous l'empire du droit commun.

B) *Cas de force majeure.* — Le fermier peut encore être privé de sa jouissance, d'une manière totale ou partielle, par suite de cas fortuits. Le bailleur lui en doit garantie, cela ne fait pas de doute, mais dans quelle mesure? La loi ne contient d'indication précise que pour un seul cas de ce genre, la destruction de la chose louée.

L'article 1722 fait une distinction entre la destruction totale et la destruction partielle. Y a-t-il eu destruction partielle? le bail est résilié de plein droit. La destruction n'a-t-elle été que partielle? le fermier peut, à son choix, demander soit une diminution de prix, soit la résiliation du bail; mais, dans l'un et l'autre cas, il n'a droit à aucun dédommagement. Cela va sans dire, car le bail-

____

(1) Laurent, t. XXV, p. 133.

leur n'étant coupable d'aucune faute ne saurait être tenu de payer des dommages et intérêts (art. 1148).

La destruction n'est pas le seul cas de force majeure qui prive le fermier de sa jouissance. On peut encore supposer, par exemple, l'hypothèse d'une expropriation pour cause d'utilité publique, celle d'une occupation militaire nécessitant l'abandon de la ferme, etc... Pour le cas d'expropriation, l'article 21 de la loi du 3 mai 1841, contient une disposition formelle; le fermier a droit à un complet dédommagement. Mais ce dédommagement, il le réclamera à l'expropriant ou au propriétaire suivant que celui-ci aura ou n'aura pas rempli la formalité prescrite par l'article 21. En effet, si dans la huitaine de la notification qui lui est faite du jugement d'expropriation, le propriétaire n'a pas « appelé et fait connaître à l'administration son fermier, » il reste seul chargé des indemnités que le fermier pourrait réclamer de l'administration.

Lorsqu'un preneur est contraint d'abandonner sa ferme à cause d'une occupation militaire, sans aucun doute les principes généraux lui accordent le droit de demander la résiliation du bail (art. 1184). Pourrait-il aussi réclamer une diminution de prix? Nous le croyons, car l'esprit de la loi impose cette solution (art. 1148, 1722, 1724, 1769). Il serait illégal, en effet, d'allouer au propriétaire le prix d'une jouissance qu'il était obligé de garantir (art. 1719-3°).

Nous rencontrerons plus loin une autre disposition relative aux cas fortuits, laquelle, à notre avis, n'est qu'une nouvelle application du principe de la garantie.

C) *Troubles émanant du bailleur.* — Le bailleur est tenu, par la nature même du contrat, de faire jouir paisiblement le preneur (art. 1709). De là, nécessité pour lui de s'abstenir de tout acte susceptible d'en troubler la jouissance. S'il enfreint cette obligation, la conséquence du trouble qu'il cause est de donner au preneur le droit de demander soit la résiliation, soit une diminution de prix; ainsi le veulent les principes généraux que nous venons de rappeler. Ici même, des dommages et intérêts lui seront atribués, car il y a faute de la part du bailleur à troubler la jouissance paisible qu'il a promise par le contrat.

Les actes du bailleur d'où résultera un trouble de jouissance sont multiples. Le Code en prévoit spécialement deux : le changement de forme et la réparation faite au cours du bail.

1° *Changements de forme.* — « Le bailleur, dit l'article 1723, ne peut, pendant la durée du bail, changer la forme de la chose louée. » Il ne le peut pas, lors même qu'il aurait le plus grand intérêt à le faire et que les changements qu'il se propose d'exécuter ne causeraient aucun dommage réel au preneur. Il suffit, mais il faut cependant qu'il y ait un trouble, un changement qui, d'après le tribun Mouricault, « *puisse nuire à la jouissance sur laquelle le preneur a le droit de compter* (1). Les termes absolus de l'article 1723 écartent le tempérament que Pothier apportait en faveur des changements peu considérables (n° 75).

Le preneur ayant droit à la jouissance paisible des *accessoires,* comme à celle de la chose principale, il faut décider également qu'aucune modification, si peu importante qu'elle soit, ne pourra pas davantage être apportée aux accessoires. Admettre une distinction, comme font

____

(1) Locré, t. VII, p. 199. — Laurent, t. XXV, p. 156.

MM. Aubry et Rau, entre les accessoires et la chose principale, c'est ressusciter la théorie de Pothier [1].

2° *Réparations.* — Le bailleur est tenu de faire toutes les réparations nécessaires autres que les locatives (1720-28). — Mais a-t-il le droit d'y procéder malgré l'opposition du fermier? L'article 1724 répond à cette question par une distinction : si elles sont urgentes et qu'elles ne puissent pas être différées, le preneur doit les souffrir, quelque incommodité qu'elles lui causent, et quoiqu'il soit privé, pendant qu'elles se font, de la jouissance d'une partie de la chose louée; si elles ne sont pas urgentes, le bailleur est contraint d'attendre la fin du bail.

Le bailleur doit souffrir les réparations; il n'a donc droit à aucune indemnité de ce chef; il est censé avoir prévu l'inconvénient et s'y être soumis, comme le dit Pothier (n°[s] 77-79). Pourtant cette supposition deviendrait inadmissible, si la privation de jouissance se prolongeait trop longtemps; aussi le législateur a-t-il décidé que le prix du bail sera diminué à proportion du temps et de la partie de la chose louée dont le fermier aura été privé lorsque les réparations dureront plus de 40 jours.

Il y a même un cas où il est autorisé à demander la résiliation du bail; c'est le cas où les réparations sont de telle nature qu'elles rendent inhabitable ce qui est nécessaire au logement du preneur et de sa famille (art. 1724-3°). Cette disposition finale de l'article 1724 étant une application des règles générales sur l'inexécution des obligations, on aurait tort de l'interpréter rigoureusement. Elle a été écrite en vue d'une seule hypo-

____

(1) Aubry et Rau, IV, p. 477. — *Contrà*, Laurent, p. 157. — Paris, 1856; Dalloz, 56. 2. 83.

thèse, la location d'une maison d'habitation; mais il ne faut pas hésiter à en étendre l'application au louage d'une ferme, et lorsqu'il s'agit d'une ferme, force est bien d'en élargir les termes (1). Une ferme, en effet, peut devenir comme telle inhabitable alors même que les locaux destinés au logement des personnes resteraient habitables. Les tribunaux apprécieront (2).

D) *Entraves apportées par des tiers à la jouissance du preneur.* — Ces entraves peuvent résulter soit de simples voies de fait, soit de prétentions élevées sur la propriété ou sur ses démembrements, et manifestées par une action judiciaire précédée elle-même parfois de voies de fait, soit enfin de l'exercice d'un droit qui laisse intacte la propriété de la chose louée. Dans le premier cas, on dit qu'il y a trouble de fait, et dans le second, trouble de droit; nous verrons si dans le troisième cas il y a, à proprement parler, trouble de fait ou trouble de droit. Au premier abord il semble oiseux de s'arrêter à ces distinctions. Qu'importe la cause du trouble? Le bailleur s'est engagé à faire jouir paisiblement le preneur; celui-ci n'a pas ce qui lui a été promis, donc il peut se retourner en garantie contre le bailleur. La loi n'a pas admis cette conséquence en ce qui concerne les troubles de fait (art. 1725). Pourquoi? Parce que les voies de fait sont des violences, des délits qui ont selon toute apparence pour cause soit des inimitiés personnelles que le fermier s'est créées, soit tout au moins la négligence du fermier qui aurait dû apporter une surveillance plus active sur le fonds loué. Comme le fermier est

<hr>

(1) 18 mars 1864; Dalloz, 64. 2. 105.
(2) Colmet de Santerre, t. VII, p. 251.

alors en faute, il est équitable de laisser à sa charge le
soin et l'ennui de poursuivre les coupables. Ainsi a pensé
le législateur, et en cela il a été plus sévère et peut-être
aussi moins juste que l'ancienne jurisprudence [1], laquelle accordait un recours subsidiaire contre le bailleur quand le fermier avait été privé de tous les fruits
ou de la plus grande partie des fruits, et que son recours contre les tiers était illusoire soit à cause de leur
insolvabilité, soit à cause de leur habileté à tromper
les recherches et à se dissimuler. On avait essayé d'introduire dans le Code un tempérament de cette sorte
et même à bon droit plus large; les critiques de Lacuée,
de Regnault de Saint-Jean d'Angély et de Tronchet au
Conseil d'État le firent disparaître; on l'a regretté depuis et non [sans raison [2].

Lorsqu'il y a trouble de droit, c'est-à-dire prétention
d'un tiers à la propriété du fonds ou à quelque autre
droit sur ce fonds, prétention qui met le fermier dans
la nécessité de délaisser le fonds en tout ou en partie,
que cette prétention soit d'ailleurs manifestée simplement par une poursuite judiciaire ou par des voies de
fait et une prise de possession, c'est au bailleur qu'il
appartient d'entrer en lutte contre le tiers et, s'il ne
parvient pas à triompher de ses revendications, de
supporter, vis-à-vis du fermier (1726-1727), toutes les
conséquences qui résultent d'une privation totale ou
partielle de jouissance ou de l'exercice d'une servitude.

Le tiers se contentera de poursuivre le fermier en

(1) Pothier, *Louage*, 81.
(2) Laurent, t. XXV, p. 179. — Duvergier, I, p. 298.

délaissement ou bien il tentera de se mettre lui-même en possession, et, poursuivi pour voies de fait par le fermier, se prévaudra en justice de son droit. Que le tiers fasse ainsi valoir son droit par voie d'action ou par voie d'exception, le fermier n'a pas qualité pour lui répondre; il faut qu'il appelle en cause son propriétaire (art. 1727).

La loi lui en fait une obligation stricte, et cette obligation a sa sanction; car s'il ne dénonce pas le trouble, il est exposé à ne pas obtenir la diminution de fermage à laquelle il a droit (art. 1726), et, de plus, à se voir condamner à tous les dépens, dommages et intérêts. (art. 1768). L'avertissement doit être donné dans le même délai que celui qui est réglé en cas d'assignation suivant la distance des lieux. Si le preneur ne fait pas cette dénonciation, il ne faudrait pas croire qu'il perd tout droit à un recours en garantie contre le bailleur. L'article 1726 semble, il est vrai, prononcer une déchéance, mais la rédaction de l'article 1768 nous montre qu'il n'y a pas à tenir autrement compte de la rigueur apparente de ses termes. L'article 1640 n'enlève pas son recours à l'acheteur qui s'est laissé condamner sans appeler le vendeur en garantie; à plus forte raison, doit-il en être ainsi du preneur. En effet, le jugement qui condamne le preneur ne peut pas être opposé au bailleur. Celui-ci gardant ses droits intacts est toujours à même de les faire respecter. Il n'aurait à se plaindre de la négligence du preneur que dans le cas où il en résulterait pour lui un préjudice, la perte de la possession par exemple [1].

____

(1) Laurent, t. XXV, p. 183. — Colmet de Santerre, t. VII, p. 254.

Tout en n'ayant pas qualité pour répondre aux tiers, le fermier a le droit de rester en cause; il peut y rester pour veiller à ses propres intérêts; l'article 1727 lui en laisse la faculté, et les travaux préparatoires sont formels à cet égard [1].

Le bailleur doit garantie de tous les troubles, qu'ils soient relatifs à la chose principale ou à ses accessoires. Il a même été à bon droit jugé, par interprétation d'un bail autorisant le preneur à élever des constructions sur le fonds, que le bailleur était tenu de faire cesser le trouble dont le preneur était menacé à l'occasion des jours ouverts, de ces constructions, sur la propriété voisine [2].

En quoi consiste l'indemnité due au fermier par le bailleur? L'article 1726 ne parle que de la diminution proportionnelle du prix. Cette disposition est incomplète : il faut au droit de réclamer la diminution du prix ajouter celui de demander la résiliation suivant les circonstances, et enfin celui d'obtenir des dommages et intérêts. Ainsi le veulent les principes du droit commun (1184, 1150 et 1151) auxquels l'article 1726 n'a pas entendu déroger. Puisque nous appliquons le droit commun, nous déciderons que l'étendue des dommages et intérêts variera suivant la bonne ou mauvaise foi du bailleur, et que même il n'en sera pas dû si le fermier a connu, lors du contrat, le danger de l'éviction.

Voilà pour le trouble de droit.

Nous avons dit qu'en troisième lieu un tiers pouvait, sans se livrer à une simple voie de fait, et sans élever aucune prétention sur le fonds loué, troubler la jouissance

---

(1) Locré, t. VIII, p. 200.

(2) Cass. civ., Rej., 22 mai 1878; Dalloz, 1878. 1. 484.

du fermier par l'exercice d'un droit qui lui appartient. Ainsi l'administration baisse tellement le niveau de la route donnant accès aux granges de la ferme qu'il devient désormais impossible au fermier de faire entrer ses voitures sur les aires et d'y décharger ses récoltes. Un trouble considérable est donc apporté à sa jouissance et pourtant il n'a aucune plainte à former contre l'administration, puisque celle-ci a agi dans la limite de ses droits, en nivelant la route. Autre exemple : de temps immémorial, les locataires d'une ferme ont conduit leurs bestiaux à l'abreuvoir d'un propriétaire voisin; celui-ci devient un beau jour moins tolérant et enjoint au nouveau fermier de se pourvoir ailleurs ; le fermier n'a plus toute la jouissance sur laquelle il comptait, il est gêné, troublé, et cependant il n'a aucun recours contre le tiers. Dans ces deux espèces et dans toutes autres analogues, aura-t-il, au moins, la faculté de se retourner contre le propriétaire? On a soutenu qu'il ne le pouvait pas, parce que, a-t-on dit, le trouble n'étant pas un trouble de droit, au sens de l'article 1727, c'est-à-dire une atteinte portée à la propriété du bailleur, la disposition de cet article ne saurait être invoquée. A merveille; mais ce trouble n'est pas davantage, comme on l'a prétendu à tort, l'application de l'article 1725. L'article 1725, ne forme pas, il est vrai, la définition du trouble de fait, mais on peut facilement l'induire de ses termes; c'est une voie de fait qui donne lieu à une action; donc une violence, un acte qui nuit à la jouissance du preneur en dehors de tout droit, un acte délictueux, est-ce là le caractère du trouble que nous envisageons? Évidemment non; dès lors, nous devons dire que le fermier a droit à la garantie. En effet, qu'on le remarque bien, il ne suffit pas de prouver que nous

ne sommes pas en présence d'un trouble de droit; il faut
encore démontrer qu'il y a trouble de fait; peu importe
que l'acte dont il s'agit ne soit pas un trouble de droit et
ne rentre pas dans le cas positivement prévu par l'article
1725; toute entrave apportée à la jouissance du fermier
donne lieu à la garantie; telle est la règle générale écrite
dans l'article 1719 et dont l'article 1727 n'est qu'une
application. A cette règle il existe une exception, celle consacrée par l'article 1725. Il faut donc pour lui échapper
établir que l'on est précisément dans cette exception. Or,
cette preuve, il est impossible de la fournir dans l'espèce
qui nous occupe [1].

III. — *Durée du droit de jouir.*

Il nous reste maintenant à dire quelques mots de la
durée du bail.

Le bail à ferme n'est jamais fait pour un temps illimité;
en France on ne connaît pas de *tenures at vill,* car, dans
le silence de la convention la loi fixe elle-même la durée
des baux.

« Le bail sans écrit d'un fonds rural, dit l'article
1774, est censé fait pour le temps qui est nécessaire afin
que le preneur recueille tous les fruits de l'héritage
affermé. »

A défaut des parties, la loi fixe donc elle-même le
terme de la location. Mais cela ne va pas sans difficulté.
Si la ferme, par exemple, comprend des terres labourables soumises à l'assolement et des fonds dont la culture
est annuelle, tels que des prés, faut-il dire que les terres

----

(1) Laurent, t. XXV, p. 161 et suiv.

ont été louées pour trois ans, et les prés pour un an? Non, certes ; car le domaine loué est *un* et toutes les parties sont nécessaires au but que poursuit le fermier. Comment nourrirait-il ses bestiaux s'il cessait de jouir des prairies, après la première année? Il s'agit ici d'interpréter une convention tacite; il importe donc avant tout de se préoccuper de ce que les parties ont voulu et entendu.

A propos de l'article 1774-3°, on s'est encore préoccupé en pratique de savoir si la suppression de la jachère entraînait la suppression des soles? On l'a prétendu et l'on a soutenu par là même que le troisième paragraphe de l'article 1774 ne peut plus recevoir, dans ce cas, aucune application. C'est bien mal comprendre la condition d'une exploitation agricole que de raisonner ainsi. L'usage des rotations est plus que jamais en honneur; plus que jamais on comprend aujourd'hui la nécessité de varier la production du sol, et l'on voit même des propriétaires déterminer dans les baux quelle rotation le fermier devra suivre. La terre reçoit d'avance des préparations, des engrais en prévision de ces productions successives; rien de plus juste alors que la loi réserve au fermier le droit de recueillir tous les fruits sur lesquels il a compté. La durée du bail sera donc celle de la rotation adoptée, soit par les usages locaux, soit lorsqu'il s'agira, par exemple, de fixer le terme de reconduction par le bail précédent s'il contient quelques prescriptions à cet égard.

Le bail à ferme cesse de plein droit et sans qu'il soit besoin d'un congé, à l'expiration de son terme conventionnel ou légal (art. 1775). La conséquence en est qu'il se forme une reconduction tacite si le fermier demeure et est laissé en possession. Un congé donné et accepté n'empêcherait pas cette reconduction de se produire, car

les parties restent toujours libres de changer de volonté.
Mais il faudrait faire la preuve de ce changement de volonté [1]. Il est impossible de ne pas voir cette preuve
dans la double circonstance que le preneur est resté dans
les lieux et que le bailleur l'y a volontairement laissé [2].
Il est clair toutefois que cette présomption n'existe pas
lorsqu'il est établi que le preneur a, contre la volonté du
bailleur, maintenu sa jouissance [3].

IV. — *Droit de céder et de sous-louer.*

Le droit de jouissance que confère un bail à ferme,
n'est pas exclusivement attaché à la personne du preneur,
il se transmet aux héritiers (art. 1742); il peut être saisi
et exercé par les créanciers (art. 2092-93); il peut être
transmis à un tiers, soit pour le tout, soit pour partie.

Cette transmission à un tiers peut s'opérer de deux
façons : par une *cession* soumise, pour être valable, aux
règles qui régissent les cessions de créance (art. 1690 et
suiv.), ou par une *sous-location*. Les deux cas ne doivent
pas être confondus. Dans l'un, le fermier apparaît comme
cédant de la créance qu'il a contre le bailleur; dans
l'autre, comme un sous-bailleur. Dans l'un, par conséquent, le bailleur est un vendeur, il ne transmet que les
droits dérivant de son bail; il ne contracte pas l'engagement de livrer ni d'entretenir le bien loué en bon état de
réparations (art. 1720), et d'indemniser le cessionnaire
des mauvaises récoltes (art. 1769); il n'a pas le privilège

(1) Marcadé, art. 1738-1740.
(2) Liège, 3 juillet 1840 ; Dalloz, *Jur. gén.*, v° *Louage,* n° 578.
(3) Cass., Req., février 1875 ; Dalloz, 76. 1. 27. — Aubry et Rau,
IV, p. 499. — Laurent, p. 528.

du bailleur (art. 2102-1°); dans l'autre, au contraire, il acquiert les droits et se soumet aux charges d'un bailleur. Il résulte donc que les droits et obligations du sous-locataire peuvent différer des siens.

La cession, c'est-à-dire la vente que fait le fermier de sa créance de jouissance est un acte licite, autorisé par la loi (art. 1689 et suiv.). Mais il est fort douteux que le législateur ait entendu y faire allusion dans l'article 1717. Le texte comme la tradition semblent exiger que nous donnions au mot *céder*, dont il se sert, une autre signification que sa signification technique. Le texte représente la cession comme un acte plus grave au point de vue du bailleur, que la sous-location, et cependant le bailleur garde ses droits contre le preneur; il acquiert même un débiteur en plus. Mais si on entend le mot *céder* non plus dans son sens actuel, mais dans le sens qu'il avait autrefois en cette matière, il est facile de comprendre en quoi il est plus grave de céder que de sous-louer. Dans la pratique ancienne, on désignait par cession du bail la sous-location de la totalité, tandis que la sous-location ne comprenait qu'une partie de la chose louée. En ce sens, on disait : « *sous-location n'est pas cession du bail* [1]. » Cette interprétation est encore confirmée par Pothier qui, tout en comparant la cession de bail à une cession de créance, ne considère pas celui à qui le droit de bail est transmis comme un cessionnaire ou un acheteur, mais le qualifie de sous-locataire [2].

En principe, le preneur peut céder son bail et sous-affermer, mais cette faculté peut lui être interdite par

(1) Merlin, *Rép.*, v° *Sous-location*, n° 1.

(2) Pothier, n° 280. — Colmet de Santerre, t. VII, p. 242. — Laurent, t. XXV, p. 211 *in fine*.

une clause du bail, et la loi nous dit que cette clause est toujours de rigueur. Quant à la portée qu'il faudra lui donner, il y aura lieu pour les juges de décider suivant les circonstances, puisqu'il ne s'agit uniquement que de rechercher quelle a été la commune intention des parties.

Il appartiendra également aux tribunaux d'interpréter souverainement la clause qui, dans les baux, interdit de *céder*; car, par cette clause, il arrive fréquemment dans la pratique que l'on ne vise uniquement que la facilité de sous-louer. La clause qui ne permet au locataire de sous-louer qu'avec le consentement exprès et par écrit du bailleur équivaut à l'interdiction de sous-louer. Cela ne souffre pas de doute. Ainsi l'a jugé dans un arrêt récent la cour de Paris [1].

§ II.

Droit du fermier sur les constructions, plantations et améliorations par lui faites.

La loi énumère les obligations du fermier, mais elle garde sur ses droits le silence le plus absolu. De là nombre de difficultés ; la plupart sont relatives aux constructions, plantations et améliorations qu'il a faites sur le fonds loué. A-t-il quelque droit sur elles? Si oui, quelle est l'étendue, quelle est la nature de ce droit?

A première vue, il semble qu'il n'ait sur ses constructions, plantations, d'autre droit que celui qu'il a sur le sol lui-même, le droit de jouissance résultant de sa créance. Ce qui porte à le croire, c'est le principe écrit

[1] Dalloz, 81. 2. 80, 6 janvier 1881.

dans l'article 553. En vertu de ce principe, en effet, le propriétaire du sol devient propriétaire des constructions et plantations par droit d'accession : « *omne quod solo inest solo cedit.* » — Si les constructions et plantations qui sont l'œuvre du fermier appartiennent au bailleur, comment le fermier pourrait-il en avoir la propriété, et si le fermier n'en est pas propriétaire où puiserait-il le droit de les enlever, de les détruire, *le jus abuti,* en un mot, attribut exclusif du droit de propriété? Donc, le fermier ne peut exercer sur elles que le seul droit qu'il exerce sur le sol : il est tenu de les respecter comme il respecte le fonds lui-même. Si le bailleur en requiert l'enlèvement, il doit les faire disparaître; tout au plus, le prix lui en sera-t-il alloué si le propriétaire veut les conserver à la fin du bail en vertu de l'article 555 [1].

Tel est le raisonnement que tiennent plusieurs auteurs et quelques arrêts. La conclusion en est, sans nul doute, rigoureusement détruite, mais nous ne la croyons pas juridiquement exacte, parce que les deux premières propositions nous paraissent erronées. Le bailleur, dit-on, devient propriétaire des plantations et constructions, en vertu de la règle de l'article 553; donc lui seul peut en disposer; seul il peut les enlever et les détruire. Cela serait vrai, si le bail n'avait pour effet précisément de modifier cette conséquence de la règle contenue en l'article 553. La loi n'a pas énuméré les droits que le contrat de bail confère au preneur, mais des obligations imposées au bailleur, il est facile de les induire. Le bailleur s'oblige à faire jouir « le preneur, » dit l'article 1709. Donc le preneur a le droit de jouir du fonds qui lui est délivré. L'es-

<hr>

[1] Coulon, *France judiciaire,* 1877, p. 362.

sentiel maintenant est de savoir quelles prérogatives confère ce droit. La loi ne l'a pas dit; elle s'est contentée simplement de jalonner les limites dans lesquelles il peut s'exercer. Or, quelles sont ces limites ? Il doit user de la chose louée suivant la destination qui lui a été donnée par le bail, ou suivant celle présumée d'après les circonstances, à défaut de convention. — Il doit en user en bon père de famille (art. 1728).

Ainsi le texte n'exige pas du fermier qu'il maintienne constamment et en tout point le fonds dans son état primitif; il suffit qu'il n'en change pas la destination. Cela se conçoit : bien souvent on ne peut user de la chose louée sans modifier l'état dans lequel on l'a reçue; comment jouir d'un fonds de terre, par exemple, sans en changer immédiatement la condition ? Mais quelle que soit la manière dont s'exerce la jouissance du preneur, la nature des choses veut qu'il puisse faire tous les travaux et ouvrages nécessaires à sa jouissance et le caractère onéreux du contrat de louage n'autorise pas à voir, en vertu de n'importe quel principe, de donner à ces ouvrages des avantages et des libéralités au profit du propriétaire du fonds. On ne jouit pas d'une maison d'habitation comme d'un fonds de terre, d'une ferme comme d'une maison; les prérogatives conférées par la créance de jouissance varient donc « *secundum subjectam materiam* ». On s'explique aussi sans peine pourquoi il eût été très-difficile au législateur de déterminer nettement et d'une manière générale l'étendue du droit du preneur. Si donc on admet que le fermier n'outrepasse pas son droit de puissance en établissant, par exemple, un hache-paille, une machine à battre avec son manège dans une grange de la ferme, en adaptant au puits un mécanisme de pompe, en construisant un hangar pour remiser ses instruments aratoires, en plantant des arbres fruitiers dans le verger, il faut bien décider aussi que son intention n'a jamais été de faire profiter le propriétaire de tous ces ouvrages et qu'il s'est réservé dans son contrat le droit d'en retirer, à l'époque qu'il lui plaira, tous les avantages possibles, c'est-à-dire même le droit de les faire disparaître et de reprendre la propriété des choses qu'il a ainsi incorporées à l'immeuble. Cela s'appelle simplement « *jouir de la ferme.* » Sans doute, ces différents objets énumérés plus haut, hache-paille, machine à battre, appareil de pompe, arbres fruitiers, par suite de leur incorporation avec l'immeuble, deviennent la propriété du bailleur en vertu du principe d'accession (art. 553); mais comme le fermier, ainsi que nous venons de le dire, tient de son bail, de son droit de jouissance, le pouvoir de les enlever et de les reprendre, il nous semble qu'il est permis de dire qu'il garde sur eux un droit de propriété sous condition suspensive. Cela n'a rien d'étrange; c'est le droit du vendeur à réméré; c'est le droit du fermier lui-même sur ses récoltes. Les récoltes, en effet, font corps avec le sol qui les produit; tant qu'elles n'en sont pas séparées, elles demeurent la propriété du bailleur, de par le même principe que les constructions et les plantations. Cependant le fermier a le droit d'en disposer, de les détacher du sol; il a le droit de les vendre; ses créanciers peuvent les saisir. D'où tient-il le droit de les séparer du sol, sinon de son bail, du « droit de jouir » lui-même? Pourquoi lui est-il permis de les vendre, sinon parce qu'il en est propriétaire sous condition suspensive, condition qu'il a le pouvoir de faire réaliser en vertu de son droit de séparer les récoltes du sol. C'est ce que la loi appelle « jouir, » car elle ne précise pas plus le caractère et l'étendue des droits du preneur au sujet des terres labourables qu'au sujet de la ferme elle-même. Nous ne pensons pas que nos adversaires aient osé soutenir qu'un bailleur pourrait, grâce à son droit de propriété, empêcher un fermier de percevoir ses récoltes; cependant la rigueur des principes qu'ils mettent en jeu devrait les conduire jusque-là.

Ainsi, en résumé, c'est du bon sens, de la nature de la chose louée au caractère du contrat de bail qu'il faut s'inspirer pour préciser « le droit de jouir. » La loi ne l'a pas défini, il ne lui était pas aisé de le faire, mais elle l'a réglementé. Le preneur ne doit pas changer la destination de la chose louée; il doit en user en bon père de famille; cette dernière obligation, très-large, laisse au juge la faculté et le soin d'apprécier quand, par des modifications apportées à la chose louée, le preneur en aura abusé, et quand il n'aura fait qu'en *jouir*. Enfin, à l'expiration du bail, il est tenu de rendre la chose dans l'état où il l'a reçue.

De tout cela nous concluons : 1° que si le preneur a le droit que nous croyons incontestable, et que l'on ne nie pas, d'incorporer au fonds loué certains objets mobiliers, destinés soit à faire jouir, soit seulement à rendre sa jouissance plus utile ou plus agréable, il a aussi la faculté de les enlever quand il lui plaît.

Cette conséquence est repoussée par ceux qui proclament l'omnipotence même en matière de louage du principe de l'article 553 (1). Elle n'est même pas entièrement accepté par tous les auteurs qui ne se rangent pas

____

(1) Cass., 1er juillet 1851 ; Dalloz, 51. 1. 251. — 27 mai 1873 ; Dalloz, 1873. 1. 410.

à leur opinion. MM. Aubry et Rau [1], tout en reconnaissant au preneur le droit d'enlever les constructions et plantations pendant le bail, prétendent qu'il faut le lui refuser à la fin du bail, et proposent de lui appliquer par analogie l'article 555. M. Laurent repousse avec raison ce système de conciliation, faisant remarquer qu'on ne saurait établir aucune analogie entre un tiers possesseur de mauvaise foi et un preneur qui n'est ni tiers ni possesseur, mais qui est un ayant-cause du bailleur.

2° Que le fermier est propriétaire des objets en question sans condition suspensive.

Nous ne donnerions pas toutefois la même solution, si une clause du bail avait décidé formellement que les constructions appartiendraient au fermier (art. 518). Dans cette hypothèse, c'est bien sur des immeubles et non éventuellement sur des meubles que son droit de propriété porterait. Il serait donc immobilier : « *Immobile quod tendit ad quid immobile.* » Le fermier est alors dans la même situation que le preneur dans un bail à convenant. Il est propriétaire des édifices et superfices par lui construits. Il en résulte que la vente et la saisie du droit du fermier seront immobilières, que ses constructions pourront être hypothéquées, etc. La jurisprudence de la Cour de cassation est en ce sens [2].

(1) Aubry et Rau, t. II, p. 262.
(2) Cass., 1er juillet 1845 ; Dalloz, 45. 1. 317. — 19 avril 1869 ; Dalloz, 69. 2. 427. — Grivel, *Revue pratique,* t. XXXV, p. 386. — *Contrà,* Laurent, t. V, p. 517 et suiv.

CHAPITRE II.

Des obligations du Fermier.

-----

§ I.

Obligation de payer le prix.

La principale obligation du fermier, celle qui forme avec l'obligation de faire jouir dont le bailleur est tenu, l'essence même du contrat de louage, c'est l'obligation de payer le prix aux termes convenus (art. 1728-2°).

Nous avons à déterminer quelle est la nature de cette obligation, où et quand elle doit être exécutée, dans quel cas le preneur peut en être déchargé, et quelle en est la sanction.

I. — *Nature de l'obligation.*

On a beaucoup discuté sur le caractère de cette obligation.

Dans un premier système on prétend qu'elle n'est ni pure et simple, ni à terme, ni conditionnelle, mais qu'elle est successive. C'est une dette d'une nature propre, en germe dans le contrat, mais se réalisant au fur et à mesure des échéances. Le paiement des loyers a sa cause dans la jouissance que le preneur doit prester. Or, l'obligation de faire jouir se parfait successivement; donc l'obligation du preneur se forme de la même manière. Elle est successive. On peut sans doute stipuler que les loyers seront payés par anticipation, mais, dans ce cas, le paiement est conditionnel; de sorte que, si la jouissance n'était point prestée, il y aurait paiement indu, et, par suite, lieu à répétition.

Une deuxième opinion consiste à soutenir que la dette du preneur est subordonnée à une condition suspensive, c'est-à-dire à la prestation de jouissance dont est tenu le bailleur.

La jouissance étant, en effet, chose future et incertaine, l'obligation du preneur qui a pour cause cette jouissance est elle-même future et incertaine, autrement dit conditionnelle. La loi lui a reconnu ce caractère : en cas de perte de l'objet loué, le preneur est libéré de son obligation (art. 1722); quand il s'agit spécialement d'un bail à ferme, une perte de récolte autorise le fermier à demander une réduction (art. 1769). C'est donc que la créance du bailleur ne prend consistance qu'avec une jouissance effective. On répond très-justement que ce système voit une condition suspensive dans une condition qui n'est autre que la condition résolutoire implicitement contenue dans tous les contrats synallagmatiques (art. 1184). Dans cette opinion, la jouissance des lieux loués n'était plus fournie au preneur, celui-ci serait par le fait même déchargé de tout fermage, puisque son obligation ne pourrait pas se former. Telle n'est point cependant la décision de la loi; elle exige qu'il fasse *résilier* le bail (art. 1722), c'est-à-dire qu'il réclame l'application de l'article 1184. L'obligation du preneur est donc ferme; elle existe dès l'origine pour l'intégralité du prix de location, et si son exécution se trouve divisée et répartie sur différentes périodes, cela ne peut lui donner que le caractère d'une obligation à terme.

Cette troisième opinion paraît la plus conforme aux textes; elle seule peut expliquer la raison d'être de la disposition si exorbitante et si dangereuse parfois de l'article 2102-1°.

II. — *Époque et lieu de paiement.*

A quelle époque et en quel lieu s'effectue le paiement des fermages? — A défaut de clause expresse, les parties seront censées s'être conformées à l'usage, en ce qui concerne les termes du paiement. Telle était la doctrine ancienne; rien dans les textes ne s'oppose à ce que nous la suivions, et la paraphrase que le tribun Mouricault a donné dans son rapport de l'article 1728 nous invite à le faire : « Quant aux obligations du preneur, lit-on dans ce rapport, la première est celle de payer le prix de la location aux termes expressément ou tacitement convenus. J'appelle ici termes tacitement convenus ceux sur la fixation desquels les parties s'en sont rapportées à l'usage en ne stipulant rien de contraire [1]. »

Lorsqu'il s'agit de déterminer dans le silence du contrat en quel lieu le paiement devra être effectué, il n'est plus possible de suivre également les usages locaux. Ici, nous avons un principe général auquel il faut nous soumettre (art. 1247) : c'est au domicile du fermier que les loyers seront payés. Si donc le bail stipule que le

[1] Laurent, *Du louage*, n° 135. — Locré, . VII, p. 200.

contrat sera résolu de plein droit par le seul fait que
le prix ne sera pas payé aux termes convenus, le bailleur
ne pourra se prévaloir de cette clause qu'à la condition
de s'être présenté chez le preneur pour toucher les fermages échus.

III. — *Cas dans lesquels le fermier peut être déchargé de son obligation.*

Le fermier peut être déchargé de son obligation totale-
ment ou partiellement dans plusieurs cas :

1° Lorsque les fermages qui lui sont réclamés sont dus
depuis plus de cinq ans et qu'il invoque la prescription
établie en sa faveur par l'article 2277.

2° Lorsque la chose louée a péri en tout ou en partie,
qu'il en a été évincé, ou que sa jouissance a été empêchée par des réparations durant plus de quarante jours.

3° Enfin lorsque la totalité ou la moitié d'une récolte
au moins a été enlevée par des cas fortuits. Dans cette
circonstance, la loi l'admet à demander une remise du
prix de location. Insistons un instant sur ce point.

De l'indemnité due en cas de perte de récolte.

a) Et d'abord quel est le fondement de la disposition
qui alloue cette indemnité au fermier. On a soutenu
qu'elle constituait une dérogation aux principes, dérogation dictée par un sentiment d'humanité et de justice; en
effet, quand le bailleur promet au fermier de le faire
jouir, il lui garantit seulement la possibilité de jouir du
fonds et non les fruits qu'il en retirera. Sinon, ce n'est
pas uniquement pour une perte d'outre-moitié qu'il de-

vrait une indemnité, mais pour toute privation, importante ou non, des fruits [1].

Cette doctrine n'est pas généralement suivie; car il ressort clairement des travaux préparatoires que les rédacteurs du Code ont entendu faire découler le droit du fermïer à une remise, de l'obligation de faire jouir qui incombe au bailleur. En cela, ils se sont conformés à la tradition. « Le bail, dit le tribun Jaubert, est un contrat commutatif : la chose pour le prix. » Les fruits doivent donc être l'équivalent du prix de ferme. Ainsi, il est de l'essence de ce contrat que le fermier soit dispensé de payer le prix si un cas fortuit le prive de toute la récolte ou de la majeure partie de la récolte. Mouricault avance, de son côté, que « deux principes ont ici servi de guides : le premier, que le contrat de louage s'analyse en une espèce de contrat de vente de fruits futurs, laquelle ne se réalise qu'autant que des fruits viennent à naître et à former matière du contrat; le second que cette vente n'est pas celle particulière des fruits de chaque année du bail, mais celle de la masse des fruits de toutes les années qu'il embrasse » (Locré, t. XIV, p. 438 et 460).

On retrouve là un reflet de la doctrine de Pothier, lequel enseignait que le louage est une vente de fruits futurs (n° 139). Pothier se trompait certainement; il n'oserait plus affirmer pareille chose s'il avait aujourd'hui à recommencer son analyse, en présence des découvertes de la chimie et de la physiologie végétale et des données de l'économie politique. Si l'on voulait, en effet, essayer de la refaire, il serait facile de trouver dans le bail à ferme une vente, un prêt de consommation, un prêt à usage

____

(1) Duvergier, II, p. 154.

P.   5

rétribué, c'est-à-dire une véritable location. Le propriétaire vend les éléments que les plantes puisent en plus ou moins grande quantité dans le sol et qui ne lui sont pas rendus par les amendements ou les engrais du fermier. Il prête ceux qui, au contraire, lui sont restitués par cette voie. Enfin il loue un instrument de travail, ou, plus exactement, un laboratoire, le sol et les forces naturelles que celui-ci renferme et qui contribuent au développement de la plante. Voilà tout ce que l'analyse découvre dans le bail à ferme. Il y a donc dans le fermage un prix, un intérêt, un loyer. Mais le fermage ne saurait être l'équivalent du prix des récoltes car celui-ci doit comprendre, en outre, le prix de la semence, la rémunération de la main-d'œuvre, le prix des éléments que la plante emprunte à l'atmosphère et enfin le bénéfice que le fermier est en droit d'attendre de son travail.

Qu'il y ait dans le fermage un prix, un intérêt et un loyer, nous pouvons, revenant à l'explication de l'article 1769, toujours dire qu'on ne doit le prix que de ce qui a été livré, l'intérêt que de ce qui a été prêté et le loyer que ce dont on a effectivement joui. Or, lorsque les récoltes sont mauvaises, le fermier ne reçoit pas tout ce qui devait lui être livré ou prêté, il a bien détenu le sol, mais celui-ci est resté improductif comme il l'aurait été d'ailleurs entre les mains du propriétaire lui-même. Dès lors, il n'est pas juste qu'il fasse rétribuer un service qui n'a pas été rendu. Il ne peut légitimement exiger le prix, l'intérêt et le loyer de ces différentes choses qu'autant qu'il est intervenu entre le fermier et lui une sorte de contrat d'assurance et que le fermage est tel qu'il permette au fermier d'assumer les risques des mauvaises récoltes.

Or, il n'en est jamais ainsi en pratique ; le fermage deviendrait trop dérisoire et trop modique pour qu'il pût raisonnablement en être ainsi. Il en résulte que le propriétaire garde toujours quelques risques à sa charge. D'un autre côté, il faut convenir que le fermage, est le résultat d'une sorte de forfait. C'est un prix fixe, mais c'est le prix d'une récolte moyenne. Aussi lorsqu'au lieu de récoltes bonnes et médiocres, s'équilibrant à peu près, le fermier ne fait que de mauvaises récoltes, rien n'est plus juste que de lui accorder un recours en garantie contre le bailleur. Nous sommes en face d'un contrat à titre onéreux, commutatif, mais jusqu'à un certain point aléatoire ; le contrat ne doit donc pas donner lieu à la garantie dans la mesure où il est aléatoire ; mais passé cette limite, il rentre dans le droit commun des contrats commutatifs. Ainsi s'explique et se justifie la disposition de l'article 1769 ; est-elle suffisamment équitable en fait? C'est à la pratique de nous le dire, car une telle règle est forcément l'œuvre du tâtonnement. Mais ce que nous croyons pouvoir affirmer, c'est que son principe est éminemment sage, et, bien qu'on l'ait contesté, éminemment juridique.

Nous voyons autre chose dans le fermage que le prix de la *possibilité de jouir;* c'est le loyer d'un sol producteur ; si donc les forces productives de ce sol ont été paralysées et stérilisées par quelques cas fortuits, la perte qui en résulte doit, à bon droit, retomber, dans une certaine mesure, sur le bailleur. Le fermier ne peut pas, après tout, être contraint de payer ce qu'il n'a pas reçu.

Notre manière de voir rend donc parfaitement compte de la disposition de l'article 1769.

L'article 1769 n'est qu'une application des principes

admis en matière de garantie. Nous en trouvons une nouvelle preuve dans l'article 1771. Comment pourrait-on
expliquer la présence de cet article dans le Code si l'article 1769 avait été écrit sous l'inspiration d'un sentiment
d'humanité? Est-ce que le fermier qui perd ses récoltes,
après qu'elles sont séparées du sol, n'est pas aussi digne
de commisération que celui qui les voit périr sur le sol
même? La vérité est donc que du jour de la séparation le
bailleur a rempli son obligation; le fermier est devenu
propriétaire des récoltes. A lui seul incombent les risques [1].

b) A quelles conditions une remise de fermage est-elle
accordée? La loi exige :

1° Que la perte de récoltes ait été occasionnée par un
cas fortuit (art. 1769).

2° Que la totalité ou la moitié au moins d'une récolte
ait été détruite par un cas fortuit (1769). — Quelques
auteurs apportent à cette condition un tempérament : ils
veulent que non-seulement le fermier ait éprouvé une
perte matérielle, mais encore qu'il ait subi un préjudice,
c'est-à-dire que la valeur vénale de cette récolte inférieure en quantité aux récoltes ordinaires, n'atteigne
pas la moitié de la valeur vénale d'une récolte ordinaire.
— Leur opinion s'appuie sur le mot *indemnité*, dont se
sert la loi. Il ne saurait, disent-ils, y avoir lieu à indemnité s'il n'y a pas lésion. Or, il n'y a pas lésion lorsque
le haut prix des denrées supplée à leur insuffisance.
Le texte ne souffre pas ce tempérament. Il ne vise qu'une
perte matérielle; si le législateur se sert du mot « *indem-*

----

[1] Aubry et Rau, t. IV, p. 506, note 4. — Laurent, t. XXV,
p. 509.

nisé » dans l'article 1769, il emploie dans l'article 1770 une expression qui ne laisse plus de place à aucune équivoque : « Le preneur, sera *déchargé* d'une partie proportionnelle du prix. » Ainsi la lésion n'est pas une condition nécessaire pour qu'il y ait lieu à une indemnité (1).

3° La loi veut encore, si le bail a été fait pour plusieurs années, que le fermier soit indemnisé par les récoltes précédentes. Lorsque les récoltes précédentes ont été abondantes, le fermier n'a droit à aucune remise, quand même, les récoltes suivantes le constituant toutes en déficit de moins de moitié, et contrebalançant l'excédant des bonnes années, il arriverait qu'il ne serait pas réellement indemnisé de sa perte d'outre-moitié à la fin du bail.

Lorsque, au contraire, il n'est pas indemnisé par les années précédentes, il y a lieu à remise, mais l'estimation de la remise ne peut être faite qu'à la fin du bail, auquel temps on procède à *une compensation de toutes les années de jouissance.*

Dans cette hypothèse donc, à la différence de ce qui est prescrit pour la précédente, il faut établir une balance *entre les bonnes et les mauvaises années.* Le contraire a été soutenu, mais le texte est formel, et il faut l'appliquer tel qu'il est, même avec ses inconséquences (2).

Enfin les autres conditions sont :

4° Que la perte des fruits soit arrivée avant leur séparation du sol (1771-1°).

5° Que la cause du dommage n'ait pas été existante et connue à l'époque où le bail a été passé (1771-2°).

<hr>

(1) Colmet de Santerre, t. VII, p. 323. — Laurent, t. XXV, p. 512.
(2) Aubry et Rau, t. IV, p. 507. — Laurent, t. XXV, p. 516.

6° Que le fermier ne se soit pas expressément chargé des cas fortuits (1772).

Toutefois cette stipulation ne s'entend, d'après l'article 1773, que des cas fortuits ordinaires, tels que grêle, feu du ciel, gelée ou coulure. Elle ne s'entend pas des cas fortuits extraordinaires, tels que les ravages de la guerre, les inondations, auxquels le pays n'est pas ordinairement sujet, à moins que le preneur n'ait été chargé de tous les cas fortuits prévus ou imprévus.

IV. — *Sanction de l'obligation de payer le prix.*

Cette sanction est celle de toutes les obligations résultant d'un contrat synallagmatique. Elle donne le droit au bailleur de demander la résiliation du contrat. L'article 1741 le dit formellement. Avec la résiliation, le bailleur peut obtenir s'il y a lieu, des dommages et intérêts. C'est un principe de droit commun formellement appliqué par l'article 1766 à l'inexécution des autres obligations du preneur. Enfin, ajoutons que cette obligation est garantie par un privilège (art. 2102-1°).

§ II.

Obligation de jouir en bon père de famille.

Le fermier doit se comporter, pendant toute la durée de sa jouissance, en homme honnête, soigneux et diligent, en un mot, en bon père de famille. Cette formule générale et vague dont le législateur s'est à dessein servi, nous montre qu'il n'a pas voulu, comme nous le disions plus haut, déterminer avec précision l'étendue du droit du preneur, mais qu'il a laissé aux tribunaux le soin de le faire.

Toutefois il a pris la précaution de signaler quelques-unes des conséquences que cette obligation entraînait dans le bail à ferme. Ainsi, dans l'article 1766, il prescrit au fermier de garnir l'héritage rural des bestiaux et des ustensiles nécessaires à son exploitation. Cette obligation a plutôt pour but d'assurer une bonne culture que d'offrir une garantie au privilège du bailleur. Pour savoir si le fermier y a satisfait, il faudra examiner non point si les bestiaux et les instruments qu'il possède offrent un gage suffisant pour l'exécution du bail, mais uniquement s'ils suffisent aux besoins de l'exploitation [1].

L'article 1766 défend, en outre, au fermier, d'abandonner la culture. Si les terres restaient incultes, elles se couvriraient de mauvaises herbes, elles perdraient peu à peu de leur fertilité; si la ferme était délaissée, les intempéries des saisons en auraient bientôt délabré tous les bâtiments. Un bon père de famille veille toujours sur sa chose. A l'inverse, le fermier ne doit pas non plus abuser du fonds. Mais pour qu'il y ait abus, il ne suffit pas qu'il y ait dommage causé, si du contrat le fermier tient le droit de faire ce qu'il fait, il n'est pas responsable du préjudice que sa jouissance occasionne, car cette jouissance n'est pas abusive.

La loi n'a rien dit des pailles, des fourrages et des fumiers. Mais puisque le fermier est tenu, d'une part, de garnir le fonds d'un cheptel suffisant, et, de l'autre, de cultiver en bon père de famille, force lui est bien de ne pas divertir de la ferme ses pailles et engrais. C'est une obligation consacrée, sinon formellement, du moins implicitement par l'article 1766 et la Cour de Bourges,

[1] Aubry et Rau, t. IV, p. 506.

fidèle aux traditions de l'ancienne jurisprudence, a eu raison de la reconnaître et de l'imposer [1].

Toujours comme conséquence de l'obligation de jouir en bon père de famille, le fermier doit veiller à la conservation de tous les droits attachés à l'immeuble et avertir le bailleur des usurpations qui peuvent être commises sur le fonds (1726-1768). Tout incendie survenu dans la ferme engage sa responsabilité; il faut qu'il prouve qu'on ne saurait le lui imputer pour n'avoir pas à en répondre (art. 1733). Il en est de même pour les dégradations (art. 1732).

Le fermier doit jouir en bon père de famille; ce n'est pas à dire pour cela qu'il puisse faire tout ce qui constituerait un acte de bonne jouissance. Mais il a le droit d'accommoder le fonds à ses convenances, à ses besoins, quitte à le rétablir dans son ancien état à la fin du bail (art. 1731). Cette interprétation large de la règle est de tradition [2].

Si le fermier manque à son obligation, le bailleur pourra, suivant les circonstances, ou le forcer à l'exécuter ou faire résilier le bail et réclamer des dommages et intérêts (art. 1729-1766).

§ III.

Obligation de jouir de la chose suivant sa destination.

Le fermier n'a pas le droit de modifier la destination que le fonds a reçu soit du bail, soit des circonstances, c'est-à-dire de l'état des lieux, des précédents, des usages

---

(1) Bourges, 9 juillet 1828; Dalloz, 29. 2. 283.
(2) Duranton, t. XVII, p. 73. — Duvergier, t. I, p. 378.

locaux, etc. Une terre arable ne peut pas être convertie
en bois, une prairie labourée et emblavée. Toutefois, il
faudrait bien se garder de prendre à la lettre cette
nouvelle règle imposée au fermier. Nous avons déjà eu
l'occasion de faire remarquer que la formule de la loi
était assez large. De ce que les terres louées ont été
destinées à la production des céréales, il serait exorbitant
de conclure que le fermier n'a pas le droit de changer
ses procédés de culture, et de remplacer, par exemple,
l'assolement triennal par l'assolement alterne. Pourtant
si le bail lui interdit de dessoler il devra strictement se
conformer à la convention.

§ IV.

Obligation d'engranger dans les lieux loués.

Cette obligation a pour but d'assurer une garantie suffisante au privilège du bailleur (art. 1767). Le privilège
du bailleur porte, en effet, sur tout ce qui garnit la ferme
(art. 2102), donc sur tous les fruits qui y sont engran-
gés. C'est pourquoi il est nécessaire que les récoltes,
autres que celles de l'année, se trouvent dans les lieux
loués et non dans des lieux pris à bail d'un autre propriétaire.

§ V.

Obligations de restituer à la fin du bail et de laisser les pailles et engrais de l'année, les logements et autres facilités convenables au fermier entrant.

Le fermier doit rendre la chose louée dans l'état où
il l'a reçue. Cet état sera établi par le procès-verbal de
description des lieux qui aura été dressé au commencement du bail, et, s'il n'en a pas été fait, par le droit

commun; la loi veut même dans ce dernier cas, que l'on présume que le fermier a reçu la chose louée en bon état de réparations locatives, sauf la preuve contraire (art. 1731). Le fermier ne répond que des pertes et des dégradations survenues par sa faute; il va de soi qu'il ne devra aucun compte de celles qui proviennent d'un cas de force majeure ou de la vétusté (art. 1730).

Cette restitution ne peut pas se faire en un jour et la jouissance d'un fermier entrant ne peut pas commencer immédiatement comme celle du locataire qui entre dans une maison d'habitation. Il faut qu'il puisse faire certains travaux de culture et d'ensemencement avant l'expiration du bail; de même le fermier sortant aura également besoin d'achever sa jouissance après le terme écoulé. L'entrée en jouissance d'un fermier ou sa sortie du bail a donc des exigences particulières. De là les articles 1777 et 1778. — Ces articles imposent au fermier sortant deux obligations et lui allouent en même temps deux droits :

1° Le fermier sortant doit laisser à celui qui lui succède dans la culture, les logements convenables et autres facilités pour les travaux de l'année.

2° Il doit lui laisser également les pailles et engrais de l'année.

En revanche, il peut exiger du fermier entrant :

1° Les logements convenables et autres facilités pour la consommation des fourrages et pour les récoltes restant à faire.

2° Une indemnité pour les pailles et engrais qu'il est tenu de laisser, à moins qu'il ne les ait lui-même reçus lors de son entrée en jouissance. Il y a là une véritable expropriation; la loi lui applique les principes qui régissent les expropriations.

DEUXIÈME PARTIE.

DE LA CONDITION ÉCONOMIQUE DU FERMIER.

Nous connaissons les rapports juridiques du preneur soit avec le bailleur ou ses représentants ; soit avec les tiers ; envisageons maintenant sa condition au point de vue économique.

Sans aller trop au fond des choses et sans peser autrement la valeur des termes, on voit que le fermier, dans son entreprise, met en jeu trois agents économiques distincts :

1° Son travail ou celui de ses auxiliaires ;

2° Un capital d'exploitation, tiré de son propre patrimoine ou demandé à l'emprunt ;

3° Enfin le sol mis à sa disposition par un propriétaire.

Or, les économistes ont tiré de l'étude des faits les observations suivantes :

1° C'est dans les conditions mêmes du travail qu'il qu'il faut chercher les causes de sa fécondité ou de son impuissance. Plus l'activité qui l'enfante est libre dans son initiative et éclairée dans sa marche, plus il devient rémunérateur.

2° Le travail n'acquiert sa plus grande intensité de puissance productive qu'autant qu'il trouve dans le capital un auxiliaire dévoué et prompt à lui venir en aide.

3° La tendance du travail et du capital ainsi alliés, toutes influences politiques et sociales mises à part, est de ne rechercher que les affaires industrielles et, dans notre cas particulier, celles des exploitations agricoles qui leur offrent la double garantie de la sécurité et de la durée.

Quel cas a-t-on fait de ces données économiques dans la pratique? Ne rencontre-t-on pas encore dans la législation des entraves inutiles, surannées, peut-être même dommageables à la liberté d'action des fermiers? — Quel est le degré d'instruction technique de ces agriculteurs et de leurs auxiliaires? — N'y a-t-il pas dans nos lois civiles, fiscales ou douanières des dispositions nuisibles ou de regrettables lacunes qui contribuent à rendre le labeur improductif et à compromettre le capital d'exploitation? N'y trouve-t-on pas des règles qui ôtent aux fermiers la possibilité ou la facilité d'offrir à l'épargne des placements sérieux et sûrs et d'en obtenir aisément des avances? Ne pourrait-on pas, par d'autres mesures, leur ouvrir plus largement les voies du crédit? Enfin, la sécurité des preneurs vis-à-vis des bailleurs et des tiers et la durée des baux ne laissent-elles rien à désirer?

Telles sont les diverses questions qui sollicitent, en ce moment, notre attention. Nous nous sommes assez expliqués plus haut sur la liberté d'action des fermiers et sur leur sécurité pour qu'il soit utile d'y revenir ici. Il ne nous reste donc plus qu'à nous occuper de leur instruction technique, de leur capital d'exploitation et de la durée de leurs baux.

CHAPITRE PREMIER.

De l'instruction technique des fermiers et de leurs auxiliaires.

Un tel objet d'étude entraîne nécessairement à des considérations qui ne sont pas d'ordre purement économique. Mais un fonds de connaissances techniques est aujourd'hui si indispensable au fermier et joue un rôle si direct et si efficace dans son œuvre de production que nous pouvons le considérer, en quelque sorte, comme un instrument professionnel ; il est impossible de ne pas en parler. Aussi bien ne ferons-nous qu'effleurer ce sujet, quoiqu'il nous attire à plus d'un titre, nous contentant de signaler, en quelques mots, l'importance et la nécessité d'une instruction agricole développée chez les fermiers et chez leurs auxiliaires, de constater ce qu'est cette instruction dans l'état de choses actuel et de rechercher les causes de l'ignorance que l'on est surpris et affligé de rencontrer encore.

§ I.

Importance de l'instruction agricole.

« L'homme, a dit Bacon, ne peut qu'en proportion de ce qu'il sait. » Avant le philosophe anglais, le bon sens populaire avait enchâssé la même pensée dans un

proverbe toujours en vogue : « Savoir c'est pouvoir. »
L'aphorisme de Bacon a plus de précision; c'est déjà
comme la formule scientifique d'un principe qui, plus
tard, sera pleinement mis en lumière par les économistes et dont le prodigieux développement de l'industrie,
dû aux travaux des savants, fournira la plus admirable
démonstration pratique. Il est bien établi aujourd'hui
que la richesse est proportionnelle à la connaissance de
la matière sur laquelle opère la production et des agents
qu'elle met en œuvre. Mais, pour acquérir cette connaissance à un degré suffisant, que d'enseignements à
recueillir! Que de sciences à explorer! La physique, la
chimie, l'histoire naturelle, la physiologie végétale, la
climatologie, la zootechnie, l'art vétérinaire, la mécani-
que et d'autres encore sont, dans des proportions variables, tributaires de l'agriculture. M. Hippolyte Passy
remarque avec raison que « de tous les industriels, les
cultivateurs sont ceux qui ont le plus besoin de réunir
les connaissances les plus nombreuses et les plus variées
et de combiner le plus d'idées et de notions dans l'emploi de leurs facultés productives. » Leur développer et
leur meubler l'intelligence est d'autant plus nécessaire
qu'en agriculture les améliorations, quoique aussi efficaces, sont moins éclatantes et rencontrent plus d'obstacles extérieurs que dans toute autre affaire industrielle.
Les perfectionnements trouvent aisément accès près des
esprits éclairés, car ils en saisissent vite l'avantage. Au
contraire, une intelligence fermée aux idées et asservie
aux habitudes physiques commencera, la plupart du
temps, par s'opposer à l'application des plus fructueuses
découvertes. C'est que, chez elle, il n'y a pas que l'i-
gnorance à vaincre; le maître qui essaie d'en secouer

la torpeur et qui s'efforce de l'initier aux théories de la science y rencontre un obstacle bien autrement insurmontable : la routine, cette force incalculable d'inertie jetée en travers du progrès. On triomphe de l'ignorance; qui oserait se flatter de venir à bout de la routine lorsqu'on sait qu'elle résiste à l'évidence même?

§ II.
État actuel de l'instruction agricole.

Le défaut d'instruction des fermiers, comme en général de tout le personnel agricole, est malheureusement un fait trop réel et trop patent. A ceux-là même dont l'esprit est le plus cultivé, il manque encore les notions spéciales et techniques les plus élémentaires sur la composition du sol et des plantes, sur les meilleures rotations à établir, sur la nature, la valeur et les propriétés des différents engrais qu'ils emploient, sur la sélection des races, l'alimentation du bétail, etc. Quelques-uns, agriculteurs par tradition de famille, s'intéressent à toute autre chose qu'à leur métier et se contentent de faire de la culture à la façon des aïeux. D'autres, au contraire, sans expérience, dépourvus de sens pratique, d'esprit d'observation et de prudence, se lancent aveuglément dans des entreprises hasardeuses qui ne tardent pas à consommer leur ruine. Les premiers comme les seconds, au lieu d'être, ainsi que le voudrait leur position sociale, des modèles et des guides, donnent de fort mauvais exemples, et leur conduite est une sérieuse entrave au développement de l'agriculture rationnelle. Il en est peu, nous ne disons pas dans une commune, mais dans un canton, dans un arrondissement qui, non-seulement cherchent à tirer un parti réfléchi et partant profitable des découvertes et des méthodes nouvelles, mais même qui soient en mesure de le faire et qui, également soucieux de ne rien sacrifier à l'esprit de routine et de ne pas courir les aventures, soumettent leurs opérations au contrôle d'une comptabilité même rudimentaire.

§ III.

Causes du défaut d'instruction technique.

Voilà la situation. Nul doute qu'il ne soit urgent d'y porter remède. Mais le peut-on tenter avec quelque espoir de succès?

Signaler la cause de ce peu d'avancement, c'est donner une réponse suffisante à cette question. Pour nous, le principe, non pas unique, mais capital de cet état arriéré est dans l'insuffisance manifeste de l'enseignement professionnel.

Ce n'est pas ici le lieu de rechercher à quelle époque et comment se sont formées et développées chez nous les institutions d'enseignement agricole. Nous ne le regrettons pas : l'historique que nous serions forcé d'en faire ne serait guère à la louange de nos gouvernements et de nos assemblées politiques. Il nous suffira de considérer l'état de choses actuel et de voir s'il répond aux besoins des fermiers.

Présentement, dans cette classe d'exploitants, une instruction technique est nécessaire aussi bien à la majorité de ceux qui sont déjà versés dans la pratique qu'à ceux qui appartiennent encore à la génération qui s'élève. Les adultes, les hommes faits, trouveront tant bien que mal ces connaissances indispensables dans les comices, dans les conférences faites par des agronomes distingués et dévoués, comme autrefois M. Gossin dans l'Oise, M. Tisseur dans le Rhône, M. Bonnet dans le Doubs [1], et par les professeurs départementaux que la loi récente du 28 octobre 1879 a créés, enfin et surtout dans les livres et les journaux spéciaux.

Il est à remarquer que jusqu'ici on s'est peu soucié de leur diffusion. Combien en donne-t-on de ces livres instructifs aux distributions de prix? Combien en trouve-t-on dans les bibliothèques communales? En est-il une seule qui ait un abonnement à ces journaux périodiques, rédigés par des savants et des praticiens consommés, et d'un secours si utile aux agriculteurs? Contribuer à les répandre serait le meilleur moyen de les faire connaître et aimer. L'industrie, pour s'emparer des découvertes des hommes de science et les mettre à profit, est guidée par une élite d'ingénieurs que l'État forme lui-même à grands frais à l'École Polytechnique, à l'École Centrale et à l'École des Mines, etc. L'agriculteur ne peut compter sur le concours de pareils initiateurs. Entre le savant et lui, les livres et les périodiques sont presque les seuls intermédiaires. Il importe donc de les propager, et le meilleur moyen que de lui en faciliter la lecture? Mais, malgré ses lectures, l'agriculteur se ressentira toujours de n'avoir pas appris à l'origine ces principes primordiaux des sciences qui sont le point d'appui des théories agricoles. Veiller avec soin à l'instruction des agriculteurs de l'avenir est donc un impérieux devoir.

« L'enseignement professionnel de l'agriculture se divise en trois degrés, dit l'article 1ᵉʳ de la loi du 3 octobre 1848.

____

(1) Léonce de Lavergne, *Économie rurale de la France*, p. 140.

Il comprend : au premier degré, les *fermes-écoles,* où l'on reçoit une instruction élémentaire pratique; au deuxième degré, les *écoles régionales,* où l'instruction est à la fois théorique et pratique; au troisième degré, un *institut national agronomique* qui est l'école normale supérieure d'agriculture. »

1° Les fermes-écoles sont des exploitations rurales dirigées par des particuliers, à leurs risques et périls, et dans lesquelles des apprentis exécutent tous les travaux et reçoivent un enseignement agricole essentiellement pratique. L'État se charge du traitement du personnel enseignant et de la pension des apprentis; de modiques rémunérations sont allouées aux élèves pour leur travail. En fondant les fermes-écoles, le législateur de 1848 se proposait de favoriser les améliorations agricoles, par la propagation des procédés manuels les plus rationnels, et de soustraire ainsi la classe ouvrière à cette vieille routine qui s'oppose à toute espèce de transformations même dans la pratique la plus élémentaire. Chaque arrondissement devait être doté d'une ferme-école. On en comptait déjà soixante-dix en 1850; mais cette marche progressive fut de courte durée, et beaucoup de celles qui avaient été établies furent, par la suite, supprimées. On n'en trouve plus que vingt-cinq au budget de 1881.

2° Le but de l'enseignement donné dans les écoles régionales est de former des élèves qui puissent devenir des chefs d'industrie agricole et exploiter de grands domaines soit comme propriétaires, soit comme fermiers. L'enseignement est à la fois théorique et pratique, mais c'est moins à une besogne manuelle qu'à l'art du commandement que l'on s'efforce d'exercer les élèves. Un établissement de ce genre devait être fondé dans chaque

région agricole. Il n'en fut rien et, avant la loi comme
après, on s'en tint aux trois écoles de Grignon, Grand-
Jouan et La Saulsaie. Cette dernière fut, en 1870, trans-
férée à Montpellier.

3° L'Institut agronomique était, dans la pensée de l'Assemblée de 1848, le couronnement et la clef de voûte de
son œuvre féconde. C'était comme le foyer destiné à entretenir le feu sacré de la science agricole, à former des
hommes capables de la conserver, de l'enrichir, d'en préciser les applications à la pratique et d'en répandre tous
les bienfaits dans nos campagnes. L'Empire ne voulut pas
comprendre les avantages d'une telle institution. Un décret funeste, inspiré plutôt par un futile caprice de dic-
tature que par les considérations ridicules et étranges qui
le précèdent, supprima brutalement l'Institut de Ver-
sailles le 17 septembre 1852. Une loi du 29 juillet 1876
le rétablit à Paris. Il avait fallu plus de vingt ans pour
obtenir cette réparation, incomplète aux yeux de tout le
monde.

On le voit, le plan tracé par l'Assemblée de 1848, s'il
fut largement conçu, n'a reçu qu'une exécution molle et
inachevée. Mais une réalisation entière n'aurait pas suffi
à couvrir ses imperfections; car, quoiqu'il parût tout embrasser, il s'en fallait de beaucoup qu'il répondît à tous
les besoins. Aussi, deux lois récentes sont-elles venues
lui apporter un double complément, l'une, du 30 juillet
1875, en créant des écoles pratiques d'agriculture, l'autre, du 28 octobre 1879, en rendant obligatoire, dans des
délais variables, l'enseignement de la science économique
à l'école primaire.

4° Entre la ferme-école et l'école régionale une vaste
lacune s'était révélée. Un nombre considérable de jeunes

gens, les fils des fermiers aisés et des petits cultivateurs, manquaient d'un enseignement approprié à leur instruction antérieure et à leurs besoins. D'une part, la ferme-école ne leur offrait qu'une préparation trop rudimentaire et, d'autre part, les études de l'école régionale étaient trop coûteuses et trop élevées; pour combler ce vide, on créa l'école pratique. Cette institution tient de la ferme-école en ce qu'elle est, commé elle, une exploitation privée dont la responsabilité est entièrement abandonnée au propriétaire ou au fermier qui la régit; mais elle en diffère à d'autres points de vue; l'élève y paie pension et reçoit une instruction plus soignée, à la fois théorique et pratique, passe des examens devant une commission spéciale et on lui délivre, à sa sortie, s'il en est trouvé digne, un diplôme qui lui permet de contracter l'engagement conditionnel d'un an. Que faut-il espérer de cette création nouvelle? On ne saurait guère en juger par les résultats obtenus, puisqu'on n'a pas encore fondé plus de quatre établissements de ce genre. Néanmoins il semble fort douteux que le remède soit encore suffisant pour guérir la large plaie entrevue par le législateur de 1875. Il est facile de s'en rendre compte et la suite va le montrer; il nous reste, en effet, à examiner quel profit peuvent retirer de l'enseignement agricole, ainsi organisé et distribué, les fermiers et leurs auxiliaires.

Et d'abord un mot de ces derniers. L'ouvrier rural recevra désormais une instruction agricole théorique et ce sera sur les bancs de l'école primaire; libre à lui de se former ensuite à la pratique, comme par le passé, dans une ferme-école. De la ferme-école nous ne voudrions pas médire; mais l'expérience a surabondamment démontré et tout le monde est d'accord pour admettre qu'il y a là une institution à refondre, à étendre surtout, car beaucoup de contrées n'en ont pas, et qu'en somme, s'il y a quelques heureuses exceptions, la plupart des fermes-écoles manquent d'apprentis et ne répondent pas à leur but.

L'introduction de l'enseignement théorique de l'agriculture dans le programme des études primaires est une idée heureuse, un pas fait dans la voie du progrès; il faut prendre garde cependant d'exagérer la portée de cette innovation. Les instituteurs ne peuvent ni tout savoir ni tout enseigner. Quoique nés à la campagne, beaucoup d'entre eux n'ont pas le goût de la culture. Du reste, en présence des pères de famille, des hommes du métier, ils n'auraient pas, à coup sûr, une autorité suffisante pour lutter contre des pratiques vicieuses. On a songé pourtant à leur attribuer cette mission. Voici, par exemple, la recommandation qu'adressait naguère un inspecteur à ses instituteurs en tête du programme qu'il leur envoyait : « Vous devez poursuivre un double but : donner aux enfants une instruction agricole aussi complète que possible, leur prouver que cette industrie exercée avec intelligence est aussi rémunératrice que toutes les autres, quelles qu'elles soient, et indiquer aux parents toutes les améliorations, toutes les modifications qu'ils doivent apporter à leur culture pour rendre leur labeur fructueux. » Combien trouvera-t-on d'instituteurs capables de se faire ainsi les dispensateurs de la science agricole? Franchement, n'est-ce pas un peu trop présumer de leurs forces, leur demander plus qu'ils ne peuvent donner et s'exposer à les décourager? Quelques-uns pris d'un beau zèle et doués d'aptitudes spéciales, arriveront sans doute à des résultats remarquables. Mais, en général, si, en inculquant à ces jeunes-enfants quelques notions générales, en confiant à leur mémoire un certain nombre de renseignements usuels et en leur suggérant des réflexions pratiques, inspirées par des lectures sagement choisies dans des auteurs justement appréciés et recommandés, ils parviennent à les convaincre de la nécessité de l'étude et de la possibilité des progrès à réaliser, à éveiller chez eux les ardeurs et les curiosités d'une vocation, en un mot, à donner à leur esprit des ouvertures, un mouvement qui le mette en branle, ce commencement de la vie intellectuelle que l'adolescent et plus tard l'homme fait achèveront à leur gré, ne devra-t-on pas leur en avoir une grande reconnaissance?

Au sortir de l'école primaire, c'est-à-dire souvent vers la douzième année, l'ouvrier agricole est ordinairement abandonné à lui-même. Mais il est d'autres enfants qui la fréquentent en même temps que lui et qu'il ne nous faut pas encore perdre de vue. Ce sont les futurs fermiers. Lorsqu'on les enlève à leur premier maître, que deviennent-ils?

Ici une distinction s'impose : les uns, par la position de leur famille, appartiennent à la grande culture, les autres à la moyenne ou petite culture. Les premiers, pour la plupart, suivent les classes de l'enseignement secondaire au lycée ou dans un collège officiel ou libre, puis retournent dans leur famille. Ceux qui passent de là dans nos écoles régionales ou les instituts libres ne sont pas nombreux, et si on les a rencontrés à des cours de l'enseignement supérieur, c'est que souvent ils se destinaient d'abord à une autre carrière.

On sait ce qu'il faut attendre de la plupart de ces agriculteurs. Le bagage technique qu'ils rapportent est généralement fort léger. Espérons que les nouveaux programmes universitaires, en donnant une plus large part à l'étude des sciences, en feront un peu moins de traducteurs inconnus de Démosthène et de Cicéron et un peu plus d'agriculteurs.

Restent tous ceux qui appartiennent à l'autre catégorie; ils sont de beaucoup les plus nombreux, car la moyenne et la petite culture dominent en France. A ceux-là s'ouvriraient les écoles pratiques si elles existaient autrement que sur le papier. La plupart sont placés pendant une ou plusieurs années dans une pension, dans l'institution ou le collège de la ville voisine. Tous ceux qui ont passé par ces maisons savent quels progrès y font les enfants des campagnes. Dans les petites pensions, on redoute tant de leur déplaire ou de froisser leurs parents, qu'on semble s'y préoccuper plus du développement du corps que de la formation de l'esprit. A l'institution secondaire libre ou au collège, on les place dans ce qu'on appelle « *la classe de français,* » où ils sont condamnés à végéter et à s'étioler comme des plantes transportées dans un sol, dans une atmosphère et sous un climat différents de ceux qui les ont fait naître. Ce milieu est composé d'éléments hétérogènes et disparates; là sont envoyés les enfants du petit commerce urbain et de la petite industrie locale; là viennent échouer les incapacités et les récalcitrants des classes latines. Dans ce refuge de paresseux et d'espiègles, le jeune paysan moins éveillé, moins dégrossi dans son vêtement, dans ses manières, dans son langage, ne rencontre, d'une part, que de mauvais exemples et, de l'autre, que des railleries. Les procédés de cet entourage font le martyre de son amour-propre. Si, au moins, pour l'aider à les endurer et, comme compensation, ses maîtres étaient en mesure, dès le début, de gagner sa confiance et de lui donner une bienveillante et encourageante impulsion! Mais, si habiles qu'ils fussent, comment y parviendraient-ils en face de recrues ne se ressemblant en rien et que l'on destine à des états tout à fait différents? Et puis entrevoit-il une fin à poursuivre et à atteindre? Quelle carrière nettement tracée et limitée a-t-il à parcourir? Ayant à former des sujets si divers, le programme des études, s'il y en a un, est nécessairement incohérent, mal défini, sans ensemble et sans but. On lui fera passer de longues heures au lavis de machines industrielles; on lui apprendra la comptabilité commerciale sans lui donner la moindre notion de la comptabilité agricole; pour un certain nombre de cours on le joindra aux élèves de l'enseignement secondaire, et ce contact et cette promiscuité n'auront certes pas pour effet d'exciter son émulation.

Enfin, au terme de ses études, quel diplôme, quel certificat lui délivrera-t-on? Rien pour faire naître chez lui une espérance, une ambition, si modeste qu'elle soit! Rien pour animer son zèle et alimenter son courage! Il est de bon ton dans nos campagnes que les jeunes gens aillent passer une ou plusieurs années en pension. Le bon ton! telle est ordinairement la principale raison qui détermine, quelquefois au prix de grands sacrifices, les parents à les y envoyer et l'enfant le sait bien. Au collège, la direction qu'il reçoit n'est guère faite pour lui suggérer d'autres idées; là, pas plus que chez lui, il n'aperçoit de quelle utilité lui serait une instruction développée pour l'exercice de sa profession future. Il continue de croire ce qu'on lui a souvent répété, que

pour faire un cultivateur « il en saura toujours assez. »
— S'étonnera-t-on, après cela, de son ennui et de son
découragement? Dès son arrivée, il est pris de nostal-
gie; tout travail intellectuel lui devient insipide et à
charge. On le voit rêver champs, chevaux, charrue,
air libre enfin! Il demande à quitter cette prison, menace ou tente même de s'en évader et souvent ses pa-
rent trop faibles et peu clairvoyants l'écoutent et sé
prêtent à ses calculs, persuadés qu'ils doivent céder aux
instances d'une pressante vocation. A leur grande joie
ou contre leur gré, selon que leur désir était de le voir
suivre la profession paternelle ou de l'écarter de la culture, cet enfant va être absorbé tout entier par les rudes
travaux des champs; chez lui, la matière forcera souvent les ressorts de l'esprit; sa dignité et sa moralité
ressentiront le contre-coup fâcheux de cet affaissement.
C'est une intelligence qui pourra lentement et pénible-
ment avoir conscience du progrès agricole, mais qui
n'en aura jamais le souci. Vis-à-vis de ceux à qui il devait l'exemple et le conseil et avec qui, traitant d'égal
à égal, il aura une fatale tendance à se mêler et à se
perdre, ce sera, selon le mot de M. Le Play, une autorité sociale de moins. Nous avons vu cela, nous le
voyons encore, et c'est ainsi que nous nous sommes laissé
aller à présenter ce tableau que nous n'avons pas cru
déplacé ici.

Oui, le législateur de 1875 avait vu clair, il avait bien
et justement senti que le mal était grand! Ce qui nous
manque, ce ne sont ni les savants ni les méthodes,
c'est surtout cet enseignement primaire supérieur ou
secondaire spécial, qu'on l'appelle comme on voudra,
destiné à former des agriculteurs, préliminaire essentiel

et base nécessaire de l'enseignement des théories et des pratiques agricoles; en un mot, c'est à la fois l'éducation scientifique générale des agriculteurs et la diffusion de l'enseignement professionnel.

Il y a beau jour que nos voisins, les Allemands, ont comblé chez eux cette lacune. La création de leurs écoles moyennes agricoles, *landwirthschaftliche Mittelschulen,* qui sont au nombre de 75, la Prusse à elle seule en comptant 41, n'avait pas d'autre but. Ces établissements, dont l'équivalent n'existe pas chez nous, sont organisés « de façon à montrer aux agriculteurs les efforts qu'ils ont à faire pour élever leur situation professionnelle et particulière. » Le temps des études y est de trois ans, et à chaque année correspond une division spéciale ayant son programme à parcourir. On y enseigne l'allemand, le français, l'anglais, l'histoire et la géographie, les mathématiques élémentaires comprenant l'arpentage et les nivellements, la physique, la chimie, l'histoire naturelle, la théorie de la production agricole, l'économie rurale et l'administration agricole, la tenue des livres, le dessin et le levé des plans. L'enseignement des sciences physiques et naturelles est complété par des démonstrations et des excursions. Ce programme indique clairement que les écoles moyennes de l'Allemagne n'ont pas seulement pour objet l'éducation technique et spéciale des jeunes agriculteurs qui suivent leurs cours; elles ont encore et surtout pour but de donner à cette éducation une base scientifique générale. Aussi les auteurs du rapport auquel sont empruntés ces renseignements disent-ils avec raison que « les établissements d'enseignement agricole sont un anneau indispensable dans la chaîne des institutions d'enseignement public et que, d'après cela, ils doivent être intimement liés à celles-ci [1]. »

En France, on n'a guère senti la nécessité de ces établissements spéciaux que pour le commerce et l'industrie et à Paris seulement; nous faisons allusion aux écoles Turgot, Colbert, Lavoisier, J.-B. Say, Arago, à l'école des Francs-Bourgeois, etc. Notre infériorité vis-à-vis de l'étranger est déplorable. Jusqu'ici nous nous sommes contentés de faire des lois, mais il semble qu'on ait pris à tâche de ne pas les exécuter. L'œuvre commencée, on y a travaillé sans goût, sans ardeur, sans conviction, sans générosité. Et pourtant la terre, *alma mater,* n'est-elle pas la source la plus féconde de production? Ne supporte-t-elle pas la plus large part de nos charges publiques?

Quand donc nos gouvernants songeront-ils qu'il ne leur appartient pas de donner l'exemple du découragement et de l'apathie, et que leur constante préoccupation doit être de chercher, par tous les moyens, à former d'excellents agriculteurs? « C'est, disait M. Wolowski dans un discours à la Société centrale d'agriculture, en 1875, un devoir de premier ordre quand il s'agit de l'industrie fondamentale du pays, de cette industrie qui occupe vingt millions d'habitants et qui les nourrit tous. » Non-seulement leur devoir l'exige, mais il y va encore de l'intérêt de la nation. « Du jour, écrit M. de Dampierre, où l'importance des études agricoles apparaîtra à ceux qui disposent des ressources de l'État comme le moyen le plus certain d'élever le niveau de la prospérité de la France; du jour où ils auront compris l'importance des

(1) Sanson, *Journal de l'agriculture,* 1875, p. 412.

sciences appliquées et l'action qu'elles peuvent exercer
sur la puissance de notre pays, nous arriverons d'un
bond au niveau des plus riches, des plus savants, des
plus prospères. » Aussi ne pouvons-nous mieux terminer
ce chapitre qu'en répétant comme conclusion et pour
passer à un autre sujet, ce mot de M. de Laveleye : « Ce
qui manque à l'agriculture (et ici nous dirons simplement
aux fermiers), c'est moins un capital d'exploitation que le
talent de s'en servir (1). »

CHAPITRE II.

Du capital d'exploitation.

A tout prix le paysan doit renoncer à la routine et faire
de la culture savante! C'est le cri des agronomes, et on
en retrouve parfois l'écho dans les discours ministériels.
Le conseil est excellent; il serait le salut de l'agriculture
si elle pouvait l'entendre. Mais combien de cultivateurs
sont à même de le mettre à profit? Supposons-les, ce
qui généralement n'est pas vrai, supposons-les capables
de perfectionner leurs procédés et leurs méthodes, d'appliquer et de comprendre un plan d'exploitation avec
l'énergie et l'esprit de suite nécessaires, cela ne suffirait
pas encore. Aux ressources fécondes d'un esprit éclairé
il faut que vienne se joindre l'aide généreuse du capital.

(1) *Économie rurale de la Belgique*, p. 127.

L'agriculteur est un manufacturier; comme tout manufacturier il doit posséder des instruments de travail et des avances en argent; des instruments de travail, c'est-à-dire des outils, un matériel agricole, des animaux de labeur et de rente, facteurs de la main-d'œuvre et de l'engrais, facteurs de la récolte; des avances en argent pour couvrir le prix des semences, le salaire de la main-d'œuvre, les frais généraux de l'exploitation et les dépenses de ménage jusqu'au jour de la réalisation des denrées qui font l'objet de sa spéculation. Tout cela forme ce qu'on appelle le capital d'exploitation. Ce capital, on le voit, est indispensable aux paysans; car, sans lui, que pourraient-ils pour la mise en valeur du sol? Il est le nerf de l'agriculture, et, plus on l'accroît, plus les résultats qu'on obtient sont grands et rémunérateurs. Ce fait, l'expérience a établi de la façon la plus claire, et la statistique agricole permet de le vérifier aisément. Dans le Nord, où le capital consacré à l'exploitation d'un hectare de terre est de 1,000 à 1,200 francs, et parfois même de 1,800 francs, la quantité de blé produite par cet hectare, pour ne prendre que l'exemple le plus frappant, est de 45 à 50 hectolitres. Dans le Midi, où il atteint à peine 400 francs, le rendement du blé par hectare n'est plus que de 12 à 13 hectolitres. Mais voici ce qu'il importe surtout de constater : c'est que les frais de production sont en raison inverse des avances faites au sol. Dans le Nord, le prix de revient du blé est de 12 à 14 francs l'hectolitre; il varie, dans le Midi, entre 20 et 24 francs. Ce résultat montre clairement quel avenir réserve aux fermiers méridionaux la concurrence des producteurs américains dont le commerce peut vendre les blés rendus dans nos ports aux prix de 17 à 18 francs l'hectolitre.

Il s'ensuit que, si l'agriculteur français veut soutenir avec avantage sur nos marchés la lutte contre l'étranger, il doit, de toute nécessité, chercher à produire au meilleur marché possible, et, pour cela faire, produire beaucoup. Mais il n'atteindra ce but que par la pratique d'une culture savante et progressive et avec le secours non-seulement de connaissances étendues, mais encore et forcément, nous venons de le prouver, d'un capital d'exploitation considérable.

Il est donc intéressant d'examiner si, à ce nouveau point de vue, les fermiers sont en mesure de faire face aux nécessités présentes; quel est leur capital d'exploitation à leur entrée en jouissance et quels moyens ils ont d'en réunir les éléments; comment ils peuvent l'accroître et quelles charges l'empêchent de fructifier pendant le cours de cette jouissance; enfin, ce que devient ce capital à l'issue du bail.

§ I.

Du capital d'exploitation au commencement du bail.

La condition des fermiers est différente suivant les contrées et suivant les cultures. Les uns sont propriétaires de leurs bâtiments d'exploitation, et quelquefois même d'une partie des terres qu'ils mettent en valeur, les autres n'ont uniquement que leur capital; les uns appartiennent à la grande culture, les autres, et c'est le plus grand nombre, à la moyenne et à la petite; ceux-ci ont des pâturages et se livrent à l'élevage et à l'engraissement du bétail, ceux-là retirent du sol des céréales et des produits manufacturiers, cultivent la vigne, l'olivier, etc. Il faudrait, pour être exact et complet, tenir compte de toutes ces distinctions. Mais il serait trop long d'entrer dans autant de détails; des généralités suffiront.

Les fermiers, sauf la majeure partie de ceux qui relèvent de la grande culture, sont loin d'avoir en leurs mains, lorsqu'ils entrent en jouissance, le capital nécessaire à une bonne exploitation. Beaucoup n'en possèdent pas la moitié, souvent même le quart. Aussi, depuis que l'amélioration des cultures est devenue une question non-seulement de progrès, mais de vie pour l'industrie agricole, s'est-on vivement préoccupé des moyens de l'accroître. Le capital est le produit du travail et du temps, de l'accumulation des épargnes. Le cultivateur, à l'instar de ses ancêtres, finirait bien à la longue par le tirer des entrailles fécondes de la terre, mais cette manière de faire, trop primitive et trop lente ne sied guère à notre temps, et ne répond pas aux besoins de la situation actuelle. S'il pouvait, dès le principe, appeler à son aide l'épargne d'autrui, pour lui quelle économie de travail et de temps, et, pour la nation, quel accroissement de production et de richesse! Deux moyens s'offrent à lui de le faire : l'association et l'emprunt.

I. *Association.* — La puissance de l'association des capitaux comme des personnes se révèle chaque jour davantage. Depuis un certain nombre d'années, la forme collective tend à supplanter la forme unitaire et individuelle dans toutes les entreprises du commerce et de l'industrie. Quelques efforts ont été tentés dans le but de faire subir à l'agriculture une transformation identique. Y parviendra-t-on jamais? C'est le secret de l'avenir. Tous les types d'association ont déjà été mis en pratique.

Plusieurs exploitations agricoles ont été établies sur le principe de la coopération. L'une des plus anciennes est celle de Balahine en Irlande; elle a été fondée en 1830. Deux autres ont été organisées en 1830 et en 1854 sur les terres et par le concours de M. Gardon, d'Hassington-Hall près de Sudbury dans le Suffolk. Le célèbre économiste allemand von Thümen associa également ses ouvriers en 1848 sur sa terre de Tellow, dans le Mecklembourg. Ces expériences ont réussi, mais l'esprit d'individualisme qui caractérise les temps modernes en rendrait certainement la généralisation difficile.

On a essayé également de confier les travaux des champs à des sociétés par actions. M. de Lavergne cite l'exemple de la ferme de Bresles, dans l'Oise, exploitée par une société au capital de 800,000 francs. On voit encore des sociétés industrielles joindre des exploitations agricoles. Mais ces cas sont rares et les rêveurs seuls ont le droit de songer à une modification si contraire à l'état social des campagnes, si antipathique à leurs mœurs et à leurs habitudes. Le type de la société par actions qui s'adapte si bien aux opérations commerciales et industrielles ne saurait convenir au monde agricole.

La société en nom collectif se rencontre aussi dans la pratique. On voit, en effet, assez souvent des frères et des sœurs célibataires et parfois même des amis s'unir pour continuer l'exploitation paternelle ou en entreprendre une autre. Mais il est rare que, comme dans l'industrie et le commerce, des chefs de famille s'entendent de la sorte (1). Une société ainsi formée entre personnes

___

(1) Nous n'avons rien à dire des sociétés taisibles et communautés de famille qui sont aujourd'hui disparues.

de même condition n'est qu'un fait exceptionnel que l'on ne verra pas se généraliser de si tôt, étant données les exigences spéciales de la vie agricole.

Ceux qui, en agriculture, doivent être le plus portés à s'allier sont, d'une part, les propriétaires fonciers ou les capitalistes et, de l'autre, les exploitants. Leur association tient de la commandite. Jusqu'à ce jour le cheptel a été le seul contrat où l'on ait pu rencontrer une sorte de société entre capitalistes et paysans. L'association du maître et du colon a été, au contraire, plus largement pratiquée; elle porte un nom bien vieux dans l'histoire du droit : c'est le métayage ou colonat partiaire. Déjà les jurisconsultes romains avaient reconnu dans cette amodiation tout au moins l'un des deux éléments qui constituent l'essence du contrat de société et qui sont : l'apport réciproque et le partage des bénéfices et des pertes : *Partiarius colonus quasi societatis jure et damnum et lucrum cum domino partitur,* » dit Gaïus (L. 25, § 6, D. XIX, 2). L'ont-ils traité comme un louage ou comme une société? Cette question divise les interprètes, et pour peu qu'on ne l'aborde pas avec une idée préconçue on parvient difficilement à se faire une conviction sur ce point. Quoi qu'il en soit, il est certain qu'entre le fermier, *colonus,* et le colon partiaire, *colonus partiarus,* le droit romain a toujours établi un rapprochement très-grand, sinon une assimilation; le nom seul en est la preuve. Entraînés par la tradition, les législateurs modernes ont considéré le métayage comme un louage plutôt que comme une société. Seule, à notre connaissance, la loi autrichienne [1] lui a restitué son véritable caractère, celui qu'il tend à re-

____

(1) Franz von Holtzendorf, *Rechtslexicon,* v° *Pachtersvertrag.*

P.7

prendre, à cette heure, dans la pratique, en attendant qu'il le reprenne dans le Code.

L'idée de société suppose un accord des volontés, une harmonie des intérêts engagés dans la poursuite d'un but commun; pourtant le métayage n'a eu, jusqu'à présent, pour résultat, excepté dans quelques contrées de l'Ouest, qu'un perpétuel antagonisme. Si l'on considère, en outre, qu'il coïncide généralement avec une extrême misère des laboureurs et un état de culture très-arriéré et qu'il fut, de tout temps, pour ainsi dire, la seule amodiation possible entre un propriétaire foncier et un exploitant sans capital et, souvent aussi, sans débouchés, on ne sera pas étonné que le métayage ait acquis une très-mauvaise réputation; les économistes, qui en ont beaucoup médit, l'ont envisagé comme un régime transitoire conduisant à une situation plus élevée et plus indépendante, c'est-à-dire au fermage; tel fut, en effet, le rôle qu'il joua jadis dans nos provinces du Nord. Aussi quelques écrivains ont-ils recherché avec empressement les moyens d'en amener la prompte disparition. Leurs efforts furent vains et le métayage leur a prouvé depuis qu'il pouvait, en théorie, se prêter à toutes les combinaisons imaginables et donner, en pratique, les meilleurs résultats. Il cessera d'être un obstacle à la culture intensive, une entrave à la liberté du travail, toutes les fois que, obéissant aux exigences du progrès, le paysan et le propriétaire sauront s'unir l'un pour travailler et féconder la terre, l'autre pour lui donner une habile direction et l'aider de ses ressources ou de son crédit, pour réaliser, en un mot, cette association tant vantée et si désirée de l'intelligence, du capital, de l'expérience et du travail. Des propriétaires éclairés et entreprenants l'ont tenté et ont réussi; les mé-

moires qu'ils ont, eux-mêmes, adressés à la Société des
Agriculteurs, à l'occasion d'un concours. dont le sujet
était le métayage, en font foi. Aujourd'hui les agronomes
et les publicistes célèbrent à l'envi les précieux avantages
du colonat partiaire. Les économistes ne le regardent
plus d'un si mauvais œil et ne désespèrent plus de le voir
se transformer et se propager par la suite. « L'association du paysan et du propriétaire, dit M. P. Leroy-Beaulieu [1], n'a peut-être pas épuisé toutes ses formes, tous
les modes possibles. » Non, il ne faut pas, on ne peut
pas hésiter à le croire; mais est-ce à dire, pour cela,
comme l'écrivait naguère M. J. Clavé dans la *Revue des
Deux-Mondes* [2], que le métayage « deviendra le mode
d'exploitation de l'avenir et celui d'une culture perfec-
tionnée parce que, en réalité, il est le seul équitable en
ce qu'il fait la part de tous les intérêts engagés? » Nous
nous permettrons d'en douter. Si le régime du fermage
traverse, en ce moment, une crise terrible, il n'en est
pas moins vrai que la condition des preneurs peut encore
recevoir, plus facilement qu'on ne le croit, de grandes
améliorations, tant au point de vue de leurs connaissances professionnelles et de leurs ressources pécuniaires
qu'au point de vue de leurs stipulations contractuelles.
Puis, si dans la nouvelle conception du métayage, le
propriétaire doit être le guide du travailleur, est-il permis
de compter que tous les possesseurs du sol auront toujours les aptitudes naturelles et l'instruction toute spéciale qui font les bons cultivateurs? Enfin, c'est un fait
surabondamment démontré par l'expérience, qu'une ins-

<hr>

(1) *Essai sur la répartition des richesses*, p. 143.
(2) N° du 1er février 1880.

titution foncière est la chose la plus difficile à implanter dans un milieu et que, si les mœurs agricoles sont susceptibles de se transformer, le temps seul par son travail lent et progressif en a raison, comme le flux continu et patient des eaux vient à bout de miner et de renverser les roches les plus dures et les mieux assises.

Laissons donc le métayage pour revenir au bail à ferme et au fermier. Nous avons dit dans quelle mesure il était loisible au fermier de recourir à l'association pour réunir les éléments de son capital d'exploitation; arrivons maintenant à l'autre moyen qu'il a de se procurer des ressources, l'emprunt.

II. *Emprunt.* — Le prêt au fermier se fait en nature ou en espèces. Le prêt en nature forme une autre variété du contrat de cheptel. Il n'est pas très-fréquent dans la pratique. Le prêt en espèces, quoiqu'il soit plus en usage, n'en est pas moins encore une chose peu commune. On voit rarement le fermier obtenir des avances de son propriétaire [1]. Il en reçoit plus souvent de sa famille, soit de ses parents, sous forme d'avancements d'hoirie, soit de ses frères et sœurs, sous forme de soultes dans un partage d'ascendants ou un partage successoral quelconque dont la ferme et ses accessoires constituent les principaux objets. Il est extraordinaire qu'il trouve d'autres personnes disposées à lui ouvrir leur caisse. A cela rien d'étonnant : le crédit est prudent et n'accorde ses faveurs qu'en retour de sérieuses garanties et le fermier ne les lui offre pas. N'y a-t-il, sous ce rapport, aucune amélioration à appor-

---

(1) Voir cependant L. de Lavergne, *Économie rurale de la France*, p. 153 et 355.

ter à sa situation? Nous allons le voir en traitant du crédit agricole.

§ II.

Du capital d'exploitation pendant la durée du bail.

Organisation du crédit agricole.

Au cours de sa jouissance le fermier a souvent besoin d'accroître son capital. Les moyens par lesquels il fait appel au crédit nous sont connus. De l'association nous avons assez longuement parlé dans le précédent paragraphe pour nous dispenser d'y revenir ici. Il ne faut pas en dire autant de l'emprunt et spécialement de l'emprunt demandé à l'épargne publique, car il est nécessaire de l'envisager plus en détail sous ce côté vraiment important et pratique. Ainsi nous avons à traiter de la possibilité d'un accroissement du capital d'exploitation au moyen d'emprunts faits au crédit public, c'est-à-dire que nous avons à aborder à notre tour, mais uniquement dans l'intérêt des fermiers, l'étude d'un problème d'une haute importance, qui depuis longtemps passionne les économistes, les agriculteurs et les financiers, savoir : l'organisation du crédit agricole.

Les avances faites à la culture reçoivent des destinations diverses; elles servent tantôt à composer le capital primitif d'une exploitation, tantôt à suppléer à une insuffisance passagèrement occassionnée par des pertes, tantôt à permettre, à faciliter certaines opérations qui, suivant leur nature, seront plus ou moins longues à donner le résultat qu'on leur demande. Cet emploi qui en est fait détermine approximativement l'époque où le remboursement sera possible; mais le remboursement n'est que probable et les risques auxquels il est subordonné augmentent en proportion de la durée du prêt. Or, celui qui n'a en vue aucune spéculation, recherche toujours pour ses capitaux des placements assurés. Il s'ensuit qu'un fermier ne trouvera pas à emprunter s'il ne possède déjà un avoir sérieux et qu'un prêteur exigera de lui des garanties d'autant plus solides que la date de son paiement sera plus reculée. Le prêteur se contentera d'une sûreté personnelle, d'une signature si on ne lui demande qu'un crédit à court terme; il lui faudra une sûreté réelle mobilière ou immobilière selon le cas, lorsqu'on lui empruntera pour un plus long temps. Cette corrélation qui existe entre la durée du prêt et la garantie demandée par le prêteur a donné naissance à une division tripartite du crédit. On distingue, en effet; 1° Le crédit immobilier, qu'on appelle plus souvent crédit foncier ou hypothécaire; 2° Le crédit mobilier ou crédit sur gage; 3° Le crédit personnel ou chirographaire.

Dans quelle mesure le fermier peut-il recourir à chacun de ces crédits?

Du crédit foncier il n'a rien à attendre. Simple détenteur précaire du sol qu'il cultive, son droit, eût-il une valeur, n'est pas susceptible d'être hypothéqué. On a souvent regretté avec raison, pensons-nous, qu'il n'en fût pas autrement(1). Dans certaines contrées et en maintes circonstances, le droit du preneur prend une véritable valeur, il fait même l'objet de fréquentes transactions onéreuses. Il en est ainsi notamment lorsqu'il découle d'un bail emphytéotique, d'un bail héréditaire, lorsqu'il est accompagné d'un droit de marché, etc. Pourquoi ne le rendrait-on pas alors susceptible d'hypothèque? Aucun

(1) Toutefois il faut remarquer qu'il peut être donné en gage (art. 2072-2075).

motif sérieux ne s'oppose à ce que l'on en fasse de la sorte un instrument de crédit. N'offre-t-il pas la même sécurité qu'un droit réel? En Angleterre, l'usage va même jusqu'à permettre au fermier d'hypothéquer cette valeur moins stable qui est le produit de ses améliorations et qui lui sera restituée à la fin du bail sous forme d'indemnité [1]. Il pourrait donc être utile d'ajouter le droit du preneur à l'énumération de l'article **2118** du Code civil.

Le fermier, en général, ne participe guère non plus aux avantages du crédit mobilier et du crédit personnel, c'est-à-dire du crédit agricole proprement dit. D'où vient qu'il soit encore si peu favorisé sous ce rapport? On s'en prend à diverses causes, les unes artificielles, les autres naturelles; celles-ci sont dites naturelles parce qu'elles dérivent de la condition ordinaire des preneurs en France, et celles-là artificielles parce qu'elles ont été créées par la loi seule. Passons-les successivement en revue.

I.

DES CAUSES ARTIFICIELLES QUI METTENT OBSTACLE AU CRÉDIT AGRICOLE.

Notre législation offre, paraît-il, les plus grands obstacles au crédit, soit mobilier, soit personnel du fermier. Ces entraves proviennent :

1° De la réglementation arbitraire du contrat de cheptel;

2° De l'impossibilité de constituer une garantie mobilière sans perdre la possession de l'objet engagé;

3° Du caractère immobilier dont sont investis, contrairement à la nature des choses, certains meubles, à raison

(1) Jacques, *Revue pratique*, t. XXIII, p. 544.

de leur incorporation avec le sol ou de leur destination;

4° De l'absorption de tout le gage du preneur par le privilège du bailleur;

5° De la limitation du taux de l'intérêt;

6° De la procédure lente et coûteuse des tribunaux civils.

A tous ces points de vue, une réforme préalable s'impose. Sans elle, dit-on, point de crédit possible pour le fermier. Ainsi l'ont déclaré tous les agronomes et tous les économistes, et ils sont nombreux, qui ont agité le problème du crédit agricole. A cette conclusion s'arrêtait aussi tout récemment la Commission extraparlementaire chargée par le Gouvernement de chercher à son tour l'introuvable solution. Qu'y a-t-il de juste au fond de ces récriminations? Dans quelle mesure serait-il bon et urgent d'y faire droit?

I. — *Du contrat de cheptel.*

Les avances dont le cultivateur a besoin peuvent lui être faites en nature ou en argent. Les avances en nature ont pour objet des semences, des engrais, etc., ou bien de ces choses qui forment ce que l'on appelle un cheptel. Le cheptel est dit *vif* si ce sont des animaux qui le composent; on le nomme *cheptel mort* s'il a pour objet du matériel agricole.

Toutes ces avances en nature, le fermier doit pouvoir les obtenir de diverses manières :

1° Par des achats à crédit d'abord; beaucoup de fournitures lui sont ainsi faites pour les besoins tant de son ménage que de son exploitation; mais ce genre de crédit a ses dangers, surtout quand il s'agit d'animaux; il le met à la discrétion d'intermédiaires âpres au gain, peu consciencieux, lui imposant des marchés souvent malheureux, absorbant ainsi sans vergogne la plus belle part des bénéfices que lui valent ses bonnes spéculations.

2° Il doit encore et surtout pouvoir obtenir ces avances en nature, soit sous forme de prêt, soit par le moyen d'un contrat d'association passé avec un capitaliste et à des conditions librement arrêtées et consenties entre eux.

Est-ce là ce que le Code permet et les diverses variétés du contrat de cheptel qu'il règlemente lui-même au nom et dans le silence des parties, témoignent-elles de son respect pour cette libre entente des intérêts? Pas précisément. Mais les reproches adressés à cette partie du Code sont excessifs. Il faut bien se garder de rien exagérer.

Nous disions qu'un cheptel devait pouvoir, comme l'argent, faire l'objet d'un prêt. Cette expression, exacte au point de vue économique, ne l'est pas au point de vue juridique, et voici pourquoi : l'argent est une chose fongible; un cheptel, au contraire, n'a pas ce caractère. D'où la conséquence que le prêt d'un cheptel n'est pas soumis aux mêmes règles que le prêt d'argent.

L'un est un commodat, c'est-à-dire un prêt à usage, l'autre un prêt de consommation. Or, le commodat est essentiellement gratuit. Si la stipulation d'un salaire vient s'adjoindre au prêt d'un cheptel, nous ne sommes plus en présence d'un commodat; la convention, ainsi faite, est un louage. C'est donc sous la forme d'un louage que le prêt d'animaux ou de machines agricoles se présentera presque toujours.

Les auteurs du Code civil ont réglementé à part le louage des cheptels; mais, dit-on, « les dispositions qu'ils

ont imaginées sont tellement partiales en faveur de l'a-
griculteur, qu'il faudrait être fou pour lui prêter un
capital quelconque sur ses bestiaux [1]. » Il serait à la
fois plaisant et instructif de passer en revue la plupart
des critiques adressées par des publicistes et même par
des économistes de profession, à chacune de ces dispositions. On serait vite convaincu que non-seulement ils
n'ont pas cherché à s'éclairer sur l'origine et la portée
de ces règles, mais qu'ils n'ont même pas vu les textes
qui les contiennent, car pourrait-on leur faire l'outrage
de croire qu'ils les aient lus sans les avoir compris?

Que de coups d'épée dans l'eau et parfois même que
d'injures gratuitement octroyées aux législateurs [2]! Ils
n'en connaissent pas l'origine; sinon, accuseraient-ils les
auteurs du Code de les « avoir imaginées, » quand ces
législateurs ont pris eux-mêmes la peine de nous dire,
chose facile à vérifier d'ailleurs, qu'ils les avaient puisées
dans quatre Coutumes, celles de Berri, du Bourbonnais,
du Nivernais et de Bergerac, « les seules qui eussent des
dispositions relatives aux cheptels » (Discours du tribun
Mouricault. Locré, t. XIV, p. 447). Ces dispositions sont
nées de l'usage. Les économistes n'en connaissent ni la
portée ni le texte. Où ont-ils vu, par exemple, que le
louage d'un cheval, d'un bœuf, d'une vache, d'un porc
doit se faire conformément aux prescriptions du contrat
de cheptel [3]. Un cheptel n'est pas une collection d'animaux considérés individuellement, c'est un fonds de
bétail, une universalité. Le bail à cheptel n'est pas tout

---

(1) V. Borie, *Étude sur le Crédit agricole et le Crédit foncier en
France et à l'étranger*, Paris, 1877, p. 219.

(2) *Économiste français*, 1879, t. II, p. 35.

(3) V. Borie, *op. cit.*, p. 219 et suiv.

bail ayant pour objet des animaux; c'est, déclare formellement l'article 1800 du Code civil, « un contrat par lequel l'une des parties donne à l'autre un fonds de bétail pour le garder, le nourrir et le soigner, sous les conditions convenues entre elles. » Voilà pourquoi le législateur lui-même nous dit (art. 1711 et 1831) que le louage d'une ou de plusieurs vaches est un « contrat improprement appelé cheptel. »

Ainsi, rien n'empêche de louer comme bon semble des chevaux, des bœufs et d'autres animaux utiles à l'agriculture. Il y a plus : « il est permis de donner à bail même un fonds de bétail » aux conditions qu'il plaît d'adopter, si la convention ne rentre pas dans les types définis et réglementés par le Code. Aucun texte ne s'y oppose, et l'article 1801 n'est pas limitatif; dès lors, il faut s'en tenir au principe de la liberté des conventions. On peut, par exemple, louer un cheptel et mettre toutes les pertes au compte du preneur, si l'on stipule une redevance fixe. Il n'y a pas là, en effet, « un bail à cheptel simple, » car ce qui caractérise ce contrat, d'après l'article 1804, c'est « la condition que le preneur profitera d'une partie du croît et qu'il supportera aussi une partie de la perte. » Par conséquent, il n'y a rien à redouter de la prohibition de l'article 1811 dont l'origine et la raison d'être se trouvent précisément dans cette condition du partage des bénéfices et des pertes. On avait remarqué, dans le droit coutumier, que par cette condition le bail à cheptel ordinaire se rattachait au contrat de société. Aussi, lui en avait-on appliqué les règles : « *Contra legem societatis est lucrum percipere, damnum vero effugere,* » répète après le jurisconsulte romain l'annotateur de la Coutume du Berri (art. 11, tit. XVII. — Coutume du Bourbonnais, art. 55). Les auteurs du Code, nonobstant la doctrine plus logique enseignée par Pothier, ont suivi les errements coutumiers. De là l'article 1811. Ainsi nul compte à tenir de cet article, du moment où, dans un bail à cheptel, le partage des profits n'a pas été stipulé. Mais devrait-on s'y soumettre toutes les fois qu'une portion des bénéfices serait le prix d'un louage ayant pour objet un fonds de bétail? Il n'y aurait pas encore, ce nous semble, trop de hardiesse à prétendre que non. Qu'est-ce, en effet, que le bail à cheptel? Un bail d'industrie, suivant la définition donnée par l'article 1800; un bail dans lequel celui que l'on nomme improprement le preneur loue ses soins et ses services pour la garde et l'entretien d'un troupeau. Tel fut toujours son véritable caractère, et c'est ainsi qu'on l'envisage encore dans les contrées où il est usité et où, de leur aveu même, les rédacteurs du Code sont allés en chercher la réglementation. Cette réglementation du cheptel a été faite pour un état social, une organisation foncière et une situation économique propres à ces contrées. Autrefois, bien plus qu'aujourd'hui, le « principal négoce, trafic et richesse » de leurs habitants, ainsi que le constate de La Thaumassière, en note sous l'article 11 du titre XVII de la Coutume de Berri, consistait précisément dans « la nourriture des gros et menus bestiaux. » Il y avait là beaucoup de pâturages, et une grande partie de ces pâturages étaient grevés de la servitude de vaine pâture; la plupart des paysans n'étaient que de simples journaliers [1], et si par hasard leur condition s'élevait et s'ils devenaient fermiers ou colons partiaires, leur

(1) *Note sur le Crédit agricole*, rédigée par les soins du ministère de l'Agriculture et du Commerce. Paris, Imp. Nat., 1880, p. 207.

principale occupation n'en était pas moins encore très-souvent de faire paître des troupeaux appartenant à autrui. Ainsi s'explique le caractère du bail à cheptel. C'est avant tout un louage d'ouvrage (art. 1710), et la définition qu'en donne l'article 1800 nous montre bien que les rédacteurs du Code ne l'ont pas considéré sous un autre aspect. On essaiera peut-être de chercher la preuve du contraire dans les travaux préparatoires.

Le tribun Mouricault y dit, en effet, que le bail à cheptel était « un bail de choses qui participe du bail à ferme en ce que ces choses produisent des fruits naturels ; il participe aussi du bail d'ouvrage en ce qu'il a pour objet en partie les soins réels que le preneur est tenu de donner à la chose. » Oui, mais plus loin il dit également ceci : « Le contrat principal est un bail, celui par lequel le preneur promet et se fait payer de ses soins, » et ailleurs : « le prix de ce bail est immédiatement formé par le profit des laitages, du fumier et du travail des animaux. L'association au profit et à la perte n'est qu'un supplément au prix du bail [1]. » Le langage du tribun est ici moins embrouillé parce qu'il est plus conforme à la vérité. Tenons-nous en donc à la tradition et à la définition donnée par l'article 1800. Cela admis, si dans un louage ayant pour objet un cheptel, le but du preneur est non pas de chercher une occupation spéciale et de mettre son industrie au service d'autrui, mais uniquement de compléter en nature le capital qui lui est nécessaire pour une entreprise agricole, si l'intention du bailleur n'est pas tant de se procurer les soins et le travail du preneur que de lui faire des avances sous cette forme

____

[1] Locré, t. VII, p. 446.

particulière et peut-être plus avantageuse, la situation
des parties change évidemment aussi bien au point de
vue juridique qu'au point de vue économique. Leur
convention n'est plus un bail à cheptel dans le sens de
l'article 1800, c'est-à-dire un louage d'ouvrage; elle
constitue un louage de choses, et, par conséquent, ici
encore, nous rentrons dans le droit commun, et rien n'empêcherait un capitaliste, lorsque, louant un fonds de
bétail, il ferait consister le prix de son bail dans une
portion des profits, de « se décharger de la totalité des
risques, comme le demande M. V. Borie, en abandonnant
une part des bénéfices et de former ainsi un contrat d'assurance. »

En résumé, il n'est pas aussi insensé qu'on l'a dit,
de faire des avances en nature aux agriculteurs. On peut
leur louer, comme il convient, des machines, des instruments, des animaux et même, dans une très-large mesure, des cheptels. Si donc le bail à cheptel était véritablement, ainsi qu'on l'affirme [1], « une des formes les
plus usuelles et les plus commodes du crédit agricole, »
notre législation ne le rendrait guère plus impraticable
en France qu'il ne l'est ailleurs. Mais la vérité est qu'il
ne se répand pas plus chez les nations où le législateur s'est montré plus respectueux du principe de la
liberté des conventions, que dans notre pays. Jusqu'ici
on n'en a pas trouvé plus d'une application : il y a,
paraît-il, dans le grand-duché de Bade, à Heidelberg,
une caisse d'épargne qui prête aux petits cultivateurs de
quoi acheter une vache sous la condition qu'elle aura,
jusqu'au remboursement de cette somme, la propriété de

____

[1] Art. Mangin, *Économiste français*, 1879, t. II, p. 35.

l'animal. Mais, déjà en 1854, M. Léonce de Lavergne constatait que ce genre de prêt était en décadence à cause de ses difficultés pratiques, malgré toute l'utilité qu'il offrait en présence des habitudes usuraires des juifs de ces pays [1].

Quoi qu'il en soit, nous ne demandons pas mieux que, pour la forme tout au moins, on refonde les articles du Code relatifs au cheptel, et qu'on mette notre législation à la hauteur des mœurs et des idées modernes.

II. — *Du contrat de gage.*

Revenons maintenant au prêt en argent. Ici les griefs deviennent plus sérieux. On s'en prend d'abord à la nécessité d'une dépossession de l'engagiste dans le contrat de gage. L'exigence d'un nantissement effectif est un obstacle absolu au crédit agricole mobilier. Sans aucun doute, la réglementation de ce contrat appelle, à ce point de vue, une réforme radicale. L'innovation réclamée existe déjà partiellement à l'état de fait accompli dans nos colonies. Une loi du 11 juillet 1851 a autorisé les planteurs à engager leurs récoltes au profit des banques coloniales. Mais il faudrait aller encore au delà et décréter, d'une façon générale, la possibilité du gage à domicile. On soumettrait le contrat qui l'établirait à une publicité dans l'intérêt des tiers et l'on forcerait l'engagiste à respecter ses obligations par la menace d'une peine sévère. Ce sont les mesures qu'a adoptées, en 1867, le législateur du Portugal [2].

[1] *Note sur le Crédit agricole*, p. 121.

[2] Wolowski, *Journal des Économistes*, 1867, 3e série, t. VIII, p. 295.

Enfin il serait également utile de rendre plus facile la réalisation du gage (art. 2078), en faisant, par exemple, pour le gage agricole ce que la loi du 23 mai 1863 a fait pour le gage commercial.

III. — *De l'immobilisation de certains meubles en vertu des articles 520 et 524 du Code civil.*

Qu'on demande la révision du titre du gage, fort bien; mais, de grâce, qu'on ne requière pas en même temps la suppression des articles 520 et 524 du Code civil.

Si la loi permet de donner en gage les objets, mobiliers de leur nature, que ces articles déclarent immeubles à raison soit de leur incorporation avec le sol, soit de leur destination, et qu'elle accorde l'autorisation de les saisir et de les réaliser, avec toute la facilité désirable, ces articles peuvent-ils nuire encore au crédit agricole? D'ailleurs nous ferons observer que l'on s'imagine a tort trouver une gêne dans la disposition de l'article 520. Si l'engagement des récoltes n'est pas possible, cela tient uniquement à la nécessité d'une détention effective. Qui ne sait que dès l'instant où des récoltes, même pendantes par branches et par racines, font par elles-mêmes l'objet d'un contrat, dès l'instant où, dans une convention, elles sont considérées à part, et, en conséquence, comme devant être détachées du sol, elles ne sont pas traitées autrement que des meubles, et leur vente, par exemple, lorsqu'elle devient possible, est une vente mobilière? Ignore-t-on qu'elles peuvent être saisies indépendamment du sol et mobilièrement, car la saisie-brandon est une saisie mobilière? Puisqu'elles sont susceptibles d'être vendues et saisies mobilièrement, quelle raison empêcherait de les donner en gage? A l'égard du fermier, un autre motif vient corroborer cet argument : le droit qu'il tient de son bail étant un droit mobilier, forcément, vis-à-vis de lui, les récoltes dont il est propriétaire en vertu de ce droit de jouissance sont des meubles [1].

Relativement à l'article 524 une simple remarque suffira : il n'immobilise que les animaux et le matériel agricole placés dans une ferme par le propriétaire; ceux qu'y introduit le preneur sont hors de sa portée. Sa disposition ne saurait donc, quoiqu'on veuille en dire, porter atteinte au crédit des fermiers.

Réclamer la suppression de ces deux articles sous le prétexte qu'ils rendraient impossible le nantissement des récoltes et du matériel d'une ferme, c'est méconnaître leur véritable portée et leur raison d'être économique et pratique, sinon théorique. Dans toute culture, chaque récolte sert régulièrement à faire face aux frais et aux avances qu'exige la récolte à venir. La société a donc grand intérêt à voir, dans les liquidations des pactes matrimoniaux comme dans les dévolutions successorales, une récolte passer aux mêmes mains que le sol qui la porte. Il ne saurait davantage lui être indifférent qu'en pareils cas les meubles placés dans un fonds pour son service et son exploitation n'en soient pas séparés, et que le nouveau détenteur soit ainsi nanti de ce qui lui est nécessaire pour le bien cultiver. Les dispositions des articles 520 et 524 amènent précisément ces résultats si désirables dans une foule d'espèces où ils ne se produiraient pas si

____

[1] Laurent, *Code civ.*, t. V, p. 525. — Aubry et Rau, t. II, p. 8, note 14.

le législateur moderne avait cessé de confondre dans un seul tout et le sol et les fruits pendants par branches et par racines et si, par une heureuse innovation, il n'avait revêtu d'un caractère immobilier les meubles attachés par un propriétaire à la culture d'un fonds.

La disposition de l'article 524 est, en effet, une innovation. Dans l'ancien droit, les animaux et les instruments qui servaient à l'exploitation des terres restaient meubles. Cette règle occasionnait de nombreux inconvénients, si bien qu'après les avoir signalés, Pothier lui-même, d'ordinaire peu porté à critiquer les lois romaines et à leur faire subir des modifications, émet le vœu que de tels objets soient immobilisés. D'ailleurs, l'ancien droit, par une déclaration du 16 mars 1685, relative aux esclaves des colonies, et par l'Ordonnance de 1747 (art. 6 reproduit dans l'art. 1064, Cod. Civ.), avait déjà fait les premiers pas dans cette voie de réforme. Au point de vue économique, l'article 524 a donc, en définitive, réalisé un véritable progrès (1) et sa présence dans le Code est loin d'être, comme on le proclame, inutile et dangereuse.

IV. — *Du privilège du bailleur.*

Certes, les dispositions des articles 520 et 524 sont moins susceptibles de nuire au Crédit des fermiers que le privilège du bailleur. Ce privilège n'est pas à l'abri de tout reproche : on lui trouve une étendue exagérée, une assiette trop large. Il y a du vrai dans ces critiques, du moins en ce qui concerne l'étendue de ce privilège. La loi lui fait garantir avec tous les loyers échus tous les

(1) En ce sens, M. Bufnoir, à son cours, leçon du 18 mai 1877.

loyers à échoir; cela est d'autant plus grave que, si le preneur tombe en faillite ou en déconfiture, le bailleur a droit au paiement intégral et immédiat de tous les loyers à échoir. Un tel avantage nous paraît exorbitant et funeste. Il est exorbitant, car il ne concorde pas, suivant nous, avec le véritable caractère du louage. Le louage, comme le prêt, est un contrat successif; l'obligation du preneur ayant sa cause dans celle du bailleur, participe nécessairement de la nature de cette obligation; elle ne saurait être, en législation, non plus que l'obligation qui incombe à l'emprunteur d'un capital mobilier, de servir des intérêts, considérée comme une obligation à terme purement et simplement. Le terme est de l'essence de l'obligation du bailleur; celui-ci ne peut pas procurer de suite toute la jouissance qu'il a promise. Il est donc juste que le preneur ne donne qu'à mesure qu'il reçoit. Les fermages ne sont-ils pas toujours fixés de telle sorte qu'ils constituent à peu près l'équivalent du bénéfice que le propriétaire aurait retiré de son fonds s'il l'avait lui-même cultivé? Le terme dont jouit le preneur n'est pas une faveur, un bénéfice; il est de la nature, sinon de l'essence du contrat. Ainsi, nous ne trouvons nullement logique qu'on puisse réclamer ici la déchéance du terme si le bailleur ne l'a point expressément stipulée. Lorsqu'il n'y a plus moyen pour le preneur d'exécuter les clauses du contrat, la résiliation avec dommages et intérêts doit être la seule ressource du bailleur comme elle est la seule qui reste au prêteur d'un capital mobilier, à moins que les créanciers du preneur ne consentent à s'entendre avec lui.

Précisément parce qu'il est exorbitant, le privilège du bailleur a des effets désastreux; il absorbe, surtout quand le bail est fait pour de longues années, le plus net de l'actif du preneur, au détriment des autres créanciers. Ceux-ci ont apporté des valeurs dans le patrimoine du preneur; ils ont contribué à le former et à l'augmenter : ils n'en retirent rien. Le bailleur, au contraire, qui peut-être ne l'a pas encore enrichi d'un centime, touche immédiatement et d'un bloc des sommes qu'il n'aurait perçues qu'à la longue et par fractions. La déconfiture du preneur est pour lui une excellente affaire. On dit, pour justifier une telle faveur accordée au bailleur, que sans lui le preneur serait incapable d'exercer sa profession ou son industrie puisqu'il n'aurait pas le domicile ou les immeubles à ce nécessaires. Il est donc utile aux autres créanciers. Mais est-on sûr qu'à l'inverse, sans le secours des autres créanciers, il lui eût été facile de rencontrer un preneur, et à tout le moins un preneur en état de bien cultiver ses terres? Cependant si un fermier peut faire autre chose pour vivre et se passer du propriétaire, le propriétaire ne peut pas se passer de fermier. Les créanciers qui font des avances au preneur rendent donc aussi service au bailleur. Leur fera-t-on un grief de ne demander aucune sûreté? Où la trouveraient-ils, en présence du privilège du bailleur et des règles du Code sur le gage?

En définitive, le privilège du bailleur n'a aucune raison d'être pour les loyers à échoir.

Il ne devrait pas davantage assurer le paiement de tous les loyers échus. Une accumulation trop considérable de redevances arriérées devient nuisible aux autres créanciers. Aussi la loi du 12 février 1872 a-t-elle sagement fait de réduire la portée du privilège, lorsque le preneur est un commerçant, aux loyers dus pour les deux der-

nières années seulement, comme elle a été raisonnable
d'en limiter la garantie à une année à échoir, bien que
ses auteurs fussent imbus de l'idée que l'obligation du
preneur est une obligation à terme. S'il est aisé de diminuer, par voie de disposition générale inscrite dans la loi,
l'étendue du privilège, il n'en est pas de même de son
assiette. Mais rien n'empêcherait le législateur de donner
au fermier la faculté de la faire restreindre par les tribunaux dans une instance instruite et jugée comme en
matière sommaire, toutes affaires cessantes [1]. Pareille
réduction est admise pour les hypothèques légales dans
l'article 2161.

V. — *De la limitation du taux de l'intérêt.*

La limitation du taux de l'intérêt forme un nouvel obstacle au crédit agricole. Le loyer de l'argent varie nécessairement sous l'influence de deux causes, l'une générale,
l'autre spéciale : la loi souveraine de l'offre et de la
demande et la valeur des garanties plus ou moins sérieuses données par l'emprunteur.

Lorsque le législateur fixe arbitrairement le taux de
l'intérêt, lorsqu'il ne tolère pas que les parties arrêtent
à leur guise les conditions du prêt, il s'expose sans aucun
doute à nuire au crédit. Pourtant cette limitation a souvent été jugée nécessaire; cela tient à ce que, selon les
circonstances et les milieux sociaux et économiques, le
prêt à intérêt peut être une chose excellente et féconde
ou une chose funeste. Il est une source de fortune pour

[1] En ce sens : Pascaud, *Le crédit de l'agriculture*, Revue cri-
tique, p. 52. 1881.

les pays actifs et riches, pour les industries prospères; mais il devient la perte des pays pauvres et hâte la ruine des industries en souffrance, et l'on conçoit alors la nécessité d'en réfréner les abus. L'Autriche qui introduisait, en 1868, dans sa législation le principe de la liberté de l'intérêt, vient de voir naître, comme conséquence, une sorte de question agraire et une violente lutte antisémitique; l'an dernier, on demandait instamment au Reichsrath, de Vienne, le rétablissement du frein abandonné naguère avec tant de fracas et de cris de victoire. En France, l'agriculture a-t-elle autant sujet de craindre les dangers de l'usure? Non, paraît-il. Si telle est la vérité, la limitation du taux de l'intérêt doit disparaître de nos lois; mais il est opportun de remarquer que, dans cette hypothèse, il est peu probable qu'elle entrave beaucoup l'essor du crédit agricole, car généralement, l'expérience le démontre, pour les pays et les industries qui font fructifier les capitaux prêtés, le loyer de l'argent n'est pas élevé. Elle ne devient alors une gêne que dans certaines circonstances et dans des moments de crise passagère. Quoi qu'il en soit, la loi de 1807 est aujourd'hui fortement ébranlée; la pratique a inventé des moyens de la tourner que la jurisprudence admet et admet beaucoup trop, à notre avis; aussi l'un de nos maîtres [1] a pu dire de cette loi, en lui appliquant avec autant d'esprit que d'à-propos un mot justement célèbre, que si « elle régnait encore, elle ne gouvernait plus. » Elle ne saurait donc être un sérieux obstacle aux prêts agricoles.

[1] M. Beudant à son cours, leçon du 7 juin 1878.

VI. — *Des lenteurs et des frais de la procédure ordinaire.*

Nous arrivons au dernier grief : les frais et les lenteurs de la procédure et la difficulté des exécutions. L'industriel est soumis à une juridiction prompte et exceptionnelle. La menace de la faillite, avec le cortège peu rassurant de ses rigueurs, le tient constamment en garde et l'invite impérieusement à être toujours prêt à remplir ses engagements. Ce sont là des garanties précieuses pour le crédit. L'agriculteur, au contraire, reste sous l'empire du droit commun. Aussi, dit-on, les capitalistes se soucient-ils peu de lui faire des avances. Nous avons garde de méconnaître les avantages de la juridiction consulaire et de la crainte salutaire qu'inspire la faillite, mais nous ne pensons pas que l'absence de ces garanties soit un motif assez sérieux pour éloigner les capitaux de l'agriculture; on se préoccupe bien plus, dans un prêt, de l'honorabilité et de la solvabilité de l'emprunteur que du tribunal devant lequel on lui réclamerait, au besoin, l'exécution de ses promesses; là sont, en effet, les véritables sûretés. Les usuriers et les loups-cerviers seuls songent à pousser plus loin leurs prévisions et leurs calculs. L'agriculteur est, autant que le commerçant, soucieux de faire honneur à sa signature et de maintenir ses affaires à flots; l'expérience en a fourni des preuves éclatantes : le directeur de la succursale de la Banque de France à Nevers, M. Giraud, qui, grâce à sa perspicacité et à son zèle persévérant et dévoué, est parvenu à révéler aux agriculteurs de la Nièvre les secrets du crédit et à les faire jouir largement de son action bienfaisante, déclarait en 1880, devant la commission d'enquête, que « jamais il n'avait eu ni un protêt, ni un effet en retard de vingt-quatre heures. »

Voilà passés en revue les différents reproches adressés à notre législation; nous n'avons pas cherché à les atténuer, nous les avons même déclarés justes dans une large mesure. De cet examen il reste à tirer une conclusion : nous l'avons déjà fait, du reste, pour les règles du cheptel, la loi limitative du taux de l'intérêt et la procédure lente et coûteuse des tribunaux ordinaires. Il n'y a là aucune raison suffisante pour déterminer des établissements de crédit à fermer leurs caisses aux fermiers, ou tout au moins à leur tenir rigueur. Faut-il alors attribuer à la difficulté de prêter sur gage et à l'étendue excessive du privilège du bailleur l'aversion apparente des capitaux pour leurs entreprises? Pas davantage. Le privilège du bailleur n'est un danger pour le capitaliste que dans le cas où les affaires du fermier menacent de péricliter. Or, si, au moment où celui-ci lui demande des avances, il croyait à la possibilité d'une telle éventualité, si seulement un doute surgissait à cet égard dans son esprit, il ne lui prêterait certainement pas; même des sûretés réelles lui seraient offertes qu'il ne se laisserait pas encore gagner. Leur réalisation si rapide, si peu onéreuse qu'elle soit, entraîne toujours des frais, des lenteurs, des démarches, des ennuis qui ne conviennent pas à un banquier ou à un établissement de crédit pratiquant les prêts à court terme.

Néanmoins, comme malgré tout le soin qu'elles mettent à se renseigner sur la moralité et la solvabilité de leurs clients, les banques peuvent encore se tromper et être trompées, elles ont l'habitude d'exiger des sûretés d'une autre nature et qui ne leur occasionneront jamais les mêmes soucis ni le même embarras que des sûretés réelles; elles leur demandent des cautions, c'est-à-dire des débiteurs subsidiaires qui s'engagent à payer en leur lieu et place au cas où ils ne s'acquitteraient pas eux-mêmes de leur dette. Ce mode de garantie, préféré des banquiers, le sera toujours aussi des emprunteurs. La stipulation d'un gage est, à tort ou à raison, considéré comme l'indice d'une méfiance très-sérieuse et très-légitime, et porte une atteinte considérable à leur crédit. Au contraire, la présence d'une ou de plusieurs cautions au contrat est la preuve de leur solvabilité, car on ne cautionne ordinairement que des personnes solvables. Ajoutons qu'en fait le gage serait souvent une gêne. Cela nous explique pourquoi, en Écosse où le nantissement est facile et où le privilège du bailleur n'est pas menaçant, puisqu'il ne garantit que la redevance d'une seule année, les fermiers n'en arrivent à engager leur cheptel « qu'à la dernière extrémité, c'est-à-dire lorsque, pressés par leurs créanciers, ils ne trouvent plus de cautions pour obtenir des fonds dans les banques [1]. »

Si les fermiers n'ont pas été jusqu'ici plus favorisés du crédit, nous avons la conviction que les véritables

---

[1] On sait, en effet, qu'en Écosse le prêt à l'agriculture se pratique depuis de longues années sur une large échelle. Enfin, cela nous fait aussi comprendre pourquoi, en France même, le locataire d'un établissement industriel, quoique assujetti aux mêmes inconvénients que le fermier, surtout avant la loi de 1872, a cependant toujours trouvé des banquiers disposés à escompter ses billets et à lui ouvrir un compte-courant.

motifs en sont ailleurs que dans nos lois. C'est ce qu'il nous faut rechercher maintenant.

II.

DES CAUSES NATURELLES QUI FONT OBSTACLE AU CRÉDIT AGRICOLE.

Ces causes tiennent au caractère des opérations agricoles, aux tendances et aux mœurs des capitaux et à la condition des fermiers.

PREMIÈRE CAUSE. — *Caractère des opérations agricoles.*

Les opérations agricoles, dit-on, ne sont pas de nature à servir de base à un crédit. Elles sont lentes et incertaines.

La lenteur de ces opérations, remarque-t-on, empêche le cultivateur de se soumettre à des échéances fixes et rapprochées. A çe compte, il ne serait pas le seul à manquer de crédit. Il est des industries qui ne peuvent convertir la matière première en produits vendables que dans un laps de six, huit, dix mois; à quelques-unes même il faut un an et un an et demi; telle est l'industrie des tanneurs; il y a aussi dans le commerce des transactions qui exigent des délais de six à huit mois, celles qui ont pour objet les laines et les soies de Chine, par exemple [1].

D'ailleurs, est-ce que le négociant ou le constructeur qui achète à crédit sait s'il aura vendu sa marchandise,

[1] Note sur le Crédit agricole : déposition de M. Giraud, p. 226.

terminé et livré sa machine dans trois mois? Il n'y a donc pas à se préoccuper de la lenteur des opérations agricoles pour savoir si un fermier peut emprunter à courte échéance. La seule question est de savoir si ses débours et ses rentrées sont, comme chez le commerçant et l'industriel, suffisamment morcelés et échelonnés. Or, cela n'est pas douteux.

Mais, poursuit-on, la réussite de ces opérations est tout à fait indépendante de sa volonté; personne ne peut en répondre; nul ne saurait la prévoir. Le fabricant est certain qu'avec telle quantité de matière il obtiendra telle quantité de produits dans un délai donné. Il établit à l'avance son prix de revient et son prix de vente. L'agriculteur ignore quand il sème ce qu'il récoltera. Comment prendrait-il des engagements pour des délais déterminés s'il n'est pas sûr d'y être fidèle?

Il ne faut pas davantage s'arrêter à cette objection spécieuse. Les industriels et les commerçants n'ont pas sans doute à compter avec les intempéries des saisons, mais d'autres risques les menacent. Ils ont à redouter les faillites de leurs débiteurs, les grèves des ouvriers, la hausse des salaires, les crises financières et politiques. Dire qu'ils sont assurés quand ils empruntent d'être en mesure de satisfaire à leurs échéances, est tout à fait inexact. Les garanties présentes qu'ils offrent ont plus de poids aux yeux des prêteurs que l'issue éventuelle de leurs transactions.

Deuxième cause. — *Tendances et mœurs des capitaux.*

Ainsi, la nature des spéculations agricoles ne doit pas être regardée comme un épouvantail des capitaux. Il est plus à propos de s'en prendre aux usages routiniers et aux mœurs des banquiers. A leurs guichets, le crédit se pratique sous deux formes, qui sont : l'escompte ou prêt indirect, et le prêt à découvert. Or, de ces deux formes, la première, la plus générale, ne convient pas à l'agriculture. Les cultivateurs traitent presque toujours au comptant dans leurs transactions; ils n'ont donc aucun effet à présenter à l'escompte. La seconde est d'un usage beaucoup moins répandu. N'obtient pas qui veut une ouverture de crédit; c'est une faveur souvent refusée à des industriels et à des commerçants même très-solvables. . Blâmera-t-on les fermiers de ne pas même la solliciter? Il est vrai qu'en Écosse, où ils ne sont pas plus riches qu'en France, où ils manquent au moins autant du capital nécessaire, on les voit se procurer de l'argent dans les banques avec la plus grande facilité (1). Mais cela tient à des usages qui n'existent pas chez nous, à l'habitude qu'ont les Écossais de déposer tout leur numéraire dans les banques et surtout à celle qu'ils ont également de se cautionner les uns les autres pour se faire ouvrir des crédits. Caissiers des agriculteurs, et forcément en relation avec eux, les banquiers sont à même de connaître l'état de leurs affaires. Ainsi renseignés d'une part sur le caractère et la situation des fermiers, garantis d'autre part, au moyen du cautionnement, de deux personnes reconnues solvables, et enfin, disposant de nombreux capitaux grâce à l'usage des dépôts rapportant intérêts, ils n'hésitent pas à aire, dans une large mesure, des avances aux fermiers, soit sur simples billets (*promissory*, notes), soit par

______

(1) Note sur le Crédit agricole : dépêche du Consulat de France à Londres, du 21 décembre 1879, p. 458.

compte-courant (*cash-crédit*) [1]. Notons, en passant, que ce crédit à découvert est le plus généralement pratiqué ; sans échéance fixe, permettant la libération par petites fractions, il n'impose aucune contrainte, est plus souple à servir tous les intérêts des agriculteurs et leur laisse la liberté d'attendre le moment propice pour passer leurs marchés.

Ce qui se fait au delà de la Manche pourrait aussi bien se faire en France. Les banques locales n'auraient qu'à s'inquiéter davantage des besoins de l'agriculture. Il leur serait certainement aisé de trouver dans les campagnes des placements fructueux aux capitaux qu'elles en tirent et qu'elles pourraient encore en tirer si elles inspiraient une plus grande confiance. Ceux qui ont voulu chercher en ont trouvé ; témoin l'exemple de M. Giraud, dans la Nièvre. Mais pour cela il y a des études, des recherches, une éducation à faire, un fatal entraînement à éviter. Leurs directeurs ne se donnent pas ces peines, et échappent difficilement à ce danger. N'est-il pas plus commode et plus avantageux de conseiller l'achat de valeurs de Bourse et de titres industriels, qui ne correspondent souvent à aucune entreprise sérieuse, mais qui leur valent d'exorbitantes remises ? Comment ne pas céder tôt ou tard à la tentation d'employer l'argent des prêteurs trop confiant à des spéculations aventureuses, qui promettent une fortune rapide et facile, et qui ne conduisent souvent qu'à une scandaleuse banqueroute ?

(1) « Les banques écossaises, toujours à la recherche des capacités, sont habituées à accorder, sous les garanties d'un cautionnement, des crédits à découvert aux jeunes gens qu'elles supposent intelligents, laborieux et honnêtes, et il est peu de contrées d'Écosse où l'on ne cite des fortunes considérables qui ont eu pour origine un crédit de ce genre. » Courcelle-Seneuil, *La banque libre*, p. 115.

Devant l'insouciance des banquiers il reste aux cultivateurs à mettre en pratique ce précepte du Sage : « Aide-toi toi-même. » Qui les empêche de faire eux-mêmes et sans recourir à des intermédiaires gênants et dangereux un appel aux capitaux? Ils n'ont qu'à fonder en France des sociétés coopératives de crédit comme cela a été fait avec un plein succès en Allemagne, en Italie et en Russie après l'abolition du servage. Leur solidarité illimitée, comme dans les banques Schultze-Delitze, ou limitée, comme dans les banques Raffeisen, vaudra aux yeux des capitalistes la garantie du cautionnement exigé par les banques écossaises ou par la Banque de France dans la Nièvre. Un premier essai de ce genre vient d'être tenté à Visker, simple chef-lieu de canton de l'arrondissement de Tarbes, dans les Hautes-Pyrénées, grâce à l'initiative prise par un propriétaire de la localité, M. Carret. Cette banque fédérative fonctionne à merveille. Beaucoup de propriétaires fonciers auraient avantage et honneur à suivre l'exemple de M. Carret.

Troisième cause. — Condition des fermiers.

Mais il ne suffit pas de mettre des capitaux à la disposition des fermiers ; il faut que ceux-ci soient en mesure de les faire fructifier. Un crédit n'a de bons résultats qu'autant que l'emprunteur tire de son travail le bénéfice nécessaire au remboursement de son créancier. Si la condition matérielle des fermiers, si la situation qui leur est faite par les charges diverses qu'ils ont à supporter, les force à travailler avec perte, ou sans l'espoir d'une rémunération suffisante, à quoi leur servira l'appui d'un crédit agricole? Un fait est incontestable de l'aveu même des personnes les plus obstinément aveugles ou les plus optimistes : « *Les fermiers se ruinent, et les fermes sont abandonnées.* » Le crédit agricole serait-il un moyen d'enrayer ce mal social ? Doit-on, au contraire, le considérer comme impuissant et chercher d'autres remèdes plus efficaces ?

Telle est la question à résoudre. Avant de s'inquiéter du remède, la logique veut qu'on trouve la cause du mal. D'où procède-t-il donc? Les uns l'attribuent à l'avilissement des principaux produits agricoles dû à la concurrence étrangère; pour ceux-là, le crédit agricole n'est qu'une trompeuse panacée et le véritable remède se trouve dans la limitation de l'importation, dans une protection accordée aux produits nationaux. D'autres en voient l'origine dans la série de mauvaises récoltes que l'on vient de traverser. A leurs yeux, de meilleurs jours répareront largement les désastres, et quelques faveurs gouvernementales suffiront dès à présent pour aider à les attendre et pour relever les courages abattus. D'autres enfin, plus clairvoyants, sans méconnaître ce qu'ont de fondé les précédentes opinions, rapportent la véritable cause de cette grève des fermiers à l'augmentation progressive des redevances, des salaires, des impôts et des frais généraux de tout ordre, en un mot, de toutes les charges qui leur incombent. Depuis quarante ans, ces charges ont presque doublé, tandis que le prix des différents produits agricoles, sans s'avilir, n'a pas suivi cette marche ascendante. Les prix de revient augmentant ainsi sans une élévation correspondante des prix de vente, les pertes et les ruines étaient inévitables. Elles se sont effectivement produites et les mauvaises récoltes, comme la concurrence américaine, n'ont fait qu'agrandir et dévoiler une plaie déjà ancienne. Comment rétablir cet équilibre rompu entre les prix de vente et les prix de revient? Plusieurs moyens sont possibles. On peut augmenter les prix de vente en interdisant, par des droits d'entrée exorbitants, l'accès de nos marchés aux produits étrangers. Ce moyen énergique, personne n'ose plus le proposer; une raréfaction factice des denrées indispensables à la vie est une trop criante injustice. Le salut se trouve donc dans la réduction des prix de revient. On obtiendra cette réduction de deux manières : en diminuant les charges imposées aux fermiers; en augmentant, ainsi que cela a été dit au début de ce chapitre, la quotité des produits. La diminution des charges, à elle seule, serait loin de suffire, car elle n'est possible que dans une faible proportion. En effet, l'abaissement des salaires n'est pas à désirer; personne ne les trouve exagérés; on ne saurait davantage songer à réduire les frais généraux; leur accroissement tient à l'importance plus grande du matériel et du mobilier agricoles et des avances que rend nécessaires un mode de culture plus exigeant. Quant aux impôts, en présence de l'énormité de la dette publique, de l'accroissement continuel des charges départementales et municipales, des formidables exigences du militarisme national et des dépenses énormes nécessitées par les travaux publics projetés et entrepris, serait-il raisonnable de croire à la possibilité d'un sérieux dégrèvement? Néanmoins, l'agriculture pourrait obtenir une répartition plus équitable; elle l'a réclamée naguère avec insistance, mais ses plaintes n'ont pas trouvé un écho favorable dans le Parlement. Rien de plus légitime cependant que ses réclamations. Celui-là doit supporter l'impôt qui en profite et le supporter dans la mesure où il en profite. Or, les reve-

nus du fisc sont en grande partie dépensés dans l'intérêt
de la production. Ils servent à ouvrir des débouchés, à
faciliter l'accès des marchés par la création et l'entretien
des canaux, des chemins, des routes et des voies ferrées,
à accroître les besoins et la consommation par le développement du bien-être et de la civilisation, à protéger la
production et l'écoulement des produits par le respect
assuré aux droits de chacun. Dès lors n'est-il pas juste
que le prix de ces services rendus par l'État soit une
charge de la production? Comme cette charge rentre nécessairement dans les prix de revient des produits, ce
sont les consommateurs qui, en définitive, en auront le
fardeau. C'est pourquoi quand de deux industries l'une
fournit à l'autre sa matière première ou ses instruments,
elle lui transmet également la charge de l'impôt. Les prix
de revient des produits de la seconde s'élèvent donc d'autant. Mais cet accroissement nécessaire ne peut avoir lieu
que dans le cas où aucun de ceux qui exercent cette industrie n'est exonéré de la part d'impôt qui lui incombe
légitimement. Si, au contraire, un certain nombre d'entre
eux en sont déchargés, cette inégalité place les autres
dans une condition désavantageuse et leur crée forcément
une concurrence funeste. N'est-ce pas un peu la situation
des agriculteurs nationaux en face des agriculteurs étrangers? Ceux-là rétribuent les services publics qui leur sont
rendus, soit directement par le moyen des impositions
directes et des centimes additionnels, par des prestations
en nature et par les obligations actuelles du service militaire qui, sans aucun doute, sont fatales à l'agriculture,
soit indirectement grâce à cette part des impôts indirects
qui grèvent le prix d'achat des matières premières et des
instruments, puisque les industries qui les leur fournis-

sent n'ont, à cause de tarifs douaniers injustement pro-
tecteurs, rien à craindre de la concurrence étrangère;
ceux-ci échappent à ces modes de recouvrement de l'impôt et, partant, à l'impôt lui-même. Cependant eux aussi
doivent une rétribution à l'État, car eux aussi en reçoivent des services. Ne leur a-t-il pas ouvert des débouchés? Ne les agrandit-il pas chaque jour par l'impulsion
qu'il donne au développement progressif de la civilisation
et du bien-être? N'assure-t-il pas, par l'organisation de
sa police et de sa force armée, une complète sécurité à
leurs produits? L'État, il est vrai, ne leur rend pas tous
les services qu'il rend aux agriculteurs français, mais encore leur en rend-il beaucoup et ces services doivent-ils
être payés? Toute la question est de savoir si les droits
perçus sur leurs produits à la frontière en sont la juste
rémunération. S'ils ne le sont pas, et certes il faut bien
convenir qu'ils ne le sont pas, l'agriculture ne saurait être
mal venue à demander une répartition plus équitable des
impôts; en le faisant, elle réclame un droit non une
faveur, une compensation non une protection, et l'économiste qui la soutient dans ses revendications ne cesse pas,
pour ce motif, d'être libre-échangiste; il cesse tout simplement d'être injuste.

Cette réforme fiscale amènerait une certaine diminution
des charges ou une légère augmentation des prix de
vente, mais il serait puéril d'en attendre des résultats
considérables.

Reste à présent le taux des fermages. Ce taux est,
sans contredit, trop élevé et, s'il subit dans les baux
nouveaux une baisse de 20 à 30 0/0, nul ne saurait y
trouver à redire. Cette réduction du loyer de la terre
apportera aux fermiers un soulagement très-appréciable;

il ne faudrait pas croire cependant qu'il est suffisant. M. P. Leroy-Beaulieu se trompe certainement lorsqu'il écrit dans le *Journal des Débats* du 23 février 1881, que « la question de l'agriculture est uniquement une question de fermage. » Qu'il y regarde de plus près, et il verra que parmi les cultivateurs qui se plaignent, quittent la culture ou se ruinent, on trouve non-seulement des fermiers, mais encore une foule de propriétaires exploitants. Il ressort de tout cela que la diminution des charges de toutes sortes qui pèsent sur les fermiers ne peut pas être le seul moyen de guérir leurs souffrances. Il faut donc encore recourir à un autre remède beaucoup plus efficace, à l'augmentation de la production à l'hectare. Mais, nous l'avons vu plus haut, ce résultat ne sera obtenu que par une culture plus soignée et plus conforme aux données de la science, c'est-à-dire par un accroissement du capital d'exploitation et surtout par le développement de l'instruction professionnelle. Si toute la question n'est pas là, il nous semble bien que là est le gros de la question.

§ III.

Du capital d'exploitation à la fin du bail.

C'est fort bien de faire briller aux yeux des fermiers tous les avantages d'une culture améliorante, mais ne voit-on pas comme ils auront raison de ne pas se laisser tenter s'ils n'ont d'avance la certitude de rentrer dans leurs déboursés à l'issue du bail? La prudence la plus élémentaire le leur conseille et quand ils se soucient peu d'enfouir dans les sillons qu'ils creusent des capitaux qui resteraient aux propriétaires, nul n'a le droit de leur en vouloir. A ceux-là qui sont intéressés à la prospérité de leur exploitation, à leurs bailleurs, au législateur, de leur donner, sous ce rapport, toutes les garanties désirables. Malheureusement, il ne paraît guère qu'on s'en inquiète. Une clause qui, dans les baux, assurerait aux preneurs une indemnité pour les améliorations par eux apportées aux fonds loués ne serait pas faite pour sourire aux propriétaires. Ils ont trop l'habitude en France de ne se préoccuper que du présent sans souci du lendemain. Désireux, avant tout, et de fortes redevances et de domaines bien entretenus, ce qui est assez contradictoire, ils ne songent pas à introduire sur leurs terres des familles de fermiers laborieux et sédentaires. Notre stipulation ne saurait donc leur convenir; tout au plus, en théorie, en comprendraient-ils l'utilité, mais en la déclarant impraticable à seule fin de ne pas la pratiquer. Aussi, n'y a-t-il pas lieu de s'étonner que la Société des Agriculteurs, en 1872, malgré l'exemple donné quelques mois auparavant par la Chambre centrale d'Agriculture de Londres, malgré le rapport remarquable d'un éminent agriculteur, M. Pluchet [1], ait cru bon de s'opposer à sa propagation; les assemblées de cette Société réunissent plus de propriétaires que de cultivateurs. Les landlords Anglais qui pourraient, grâce à l'organisation sociale de leur pays, avoir sur leurs tenanciers un empire autrement tyrannique, ont été bien plus clairvoyants et bien plus justes.

Lord North [2], dont le nom si populaire chez nos voi-

____

(1) *Journal d'agriculture pratique*, t. I, p. 37.

(2) Lord North a eu des devanciers en France. Nous en trouvons la preuve dans un bail de 99 ans, passé le 26 février 1778 aux environs de Condé-sur-l'Escaut et contenant la clause suivante : « Condi-

sins d'outre-mer est resté attaché à cette clause qui alloue une indemnité au fermier pour les améliorations non épuisées, ·a trouvé un grand nombre d'imitateurs. Pourtant, il faut l'avouer, son exemple n'a pas gagné tout le monde, et un agronome justement estimé , M. Caird, dans ses *Lettres sur l'agriculture anglaise,* se montre l'adversaire déclaré du *tenant right;* on appelle ainsi le droit du fermier à la susdite indemnité. Les landlords n'ont fait, du reste, que perfectionner un usage qui existait depuis longtemps [1]. Mais, dans son acception primitive, le *tenant right* était un droit de revendication accordé au fermier à raison des récoltes en terre, des fumiers et des fourrages qu'il laissait à son successeur ou bien encore à raison des terrains rendus productifs et dont ce successeur devait bénéficier.

Une pareille coutume se rencontre en Flandre sous un nom identique [2]. Le *pachtersreght* flamand confère au fermier sortant le droit de réclamer au fermier entrant la valeur des pailles et des fumiers qui se trou-

tionné, en outre, jusqu'à la fin de ladite emphytéose, il sera fait une estimation des bâtisses et améliorations que lesdits preneurs, leurs hoirs, héritiers ou ayants-cause auront fait faire sur lesdites soixante verges, par gens experts qui seront mis de main commune par les héritiers et ayants-cause dudit sieur de Ruyter (le bailleur) aux héritiers ou ayants-cause dudit preneur, si mieux n'aiment lesdits héritiers dudit sieur de Ruyter rendre lesdites soixante verges auxdits héritiers du preneur à nouveau bail emphytéotique pour le prix qu'ils conviendront lors entr'eux. » — Nous empruntons ce bail au *Traité de locations perpétuelles* de M. Garsonnet qui, lui-même, le devait à la communication de notre excellent maître, M. Bufnoir. — Garsonnet, *op. cit.*, p. 554.

(1) *La loi sur les tenures anglaises, Journal des Économistes ,* 1877, t. XLVII, p. 167.

(2) De Laveleye, *Economie rurale de la Belgique ,* p. 97 et suiv.

vent sur la ferme, plus celle des engrais, arrière-engrais et récoltes en terre.

Une double expertise faite à l'entrée en jouissance et à la sortie du bail permet de constater les améliorations apportées au fonds et de fixer le chiffre de l'indemnité due. En Belgique le *pachtersreght* est considéré comme la condition nécessaire d'une bonne culture, et là, ainsi qu'en Angleterre, on a demandé que les coutumes qui régissent le droit du fermier fussent converties en loi dans l'intérêt de l'économie rurale [1]. Lorsque les populations anglaises et flamandes font autant de cas de ces coutumes, on peut être surpris qu'un homme d'un grand mérite et d'une expérience consommée, tel que M. Caird, leur soit aussi résolûment hostile. L'agronome anglais a contre elles un double grief : les *prisées,* les *inventories* qu'elles rendent nécessaires sont très-difficiles à faire et elles ont, d'après lui, pour conséquence fatale d'offrir une abondante pâture à la chicane, comme d'enrichir les experts et d'appauvrir les preneurs; en outre, le paiement de l'indemnité enlève au fermier entrant une partie de son capital. Ce dernier grief n'est réellement pas sérieux. N'est-il pas préférable que le fermier entrant indemnise le fermier sortant de ses améliorations plutôt que d'avoir à remettre en état une terre épuisée, car ce fermier sortant serait toujours, comme le disait naguère dans un langage expressif [2], un cultivateur de l'arrondissement de Saint-Omer à M. Baudrillart, *assez intelligent pour la dégraisser* avant de

_____

(1) De Laveleye, *op. cit.*, p. 98.

(2) H. Baudrillart, *Les populations agricoles de l'Artois,* compte rendu de l'Académie des Sciences morales et politiques, janvier 1882 p. 14.

s'en aller et garder ainsi pour lui le fruit de ses sacrifices.
De même, qu'il est beaucoup plus économique d'acheter
des bâtiments que d'en élever, d'entretenir une construc-
tion existante que d'en édifier une nouvelle, de même
il est infiniment moins coûteux d'entrer, au prix d'une
indemnité, sur un sol riche d'engrais, que d'aller, par
une économie mal entendue, consacrer ses soins à la culture d'un terrain appauvri; il est, en un mot, infiniment
plus avantageux d'avoir à conserver la fertilité d'un fonds
que d'avoir à la lui restituer. Les terres ne reprennent
pas, en une année, la fécondité qu'elles ont perdue. Si
les preneurs qui les ont améliorées les épuisent de nouveau, un arrêt sensible se manifestera inévitablement
dans la marche progressive de la production générale et
l'intérêt social en pâtira. Aussi, un législateur vigilant
et sage ne saurait-il rester indifférent à l'éventualité
d'une telle perte! Son devoir est de chercher à en con-
jurer les regrettables effets. Puis, si par aventure un
fermier laisse en bon état le fonds qu'il a loué il lui appartient encore de veiller à ce qu'il soit au moins tenu
compte à ce fermier de la plus-value qu'il a donnée au
fonds, car le droit naturel veut que le propriétaire ne
s'enrichisse pas à ses dépens : « *Jure naturæ æquum est
neminem cum alterius detrimento et injurià fieri locu-
pletiorem.* » Il est donc urgent que le législateur se préoccupe de cet état de choses, mais la question est de savoir
s'il peut avantageusement essayer d'y remédier et, en
cas de solution affirmative, ce qu'il doit faire.

1° Pour dire qu'il n'est pas en situation de rien faire
d'utile, il faut prétendre, avec M. Caird, que donner au
fermier sortant le droit de réclamer à fin de bail une
indemnité pour ses améliorations non épuisées, c'est lui

jouer un mauvais tour et l'exposer infailliblement à verser entre les mains des experts ou de la justice, après d'interminables procès, beaucoup plus qu'il ne recevrait du propriétaire ou du fermier entrant. Certes, loin de nous la pensée de méconnaître combien est délicate la mission des experts! Mais si la difficulté de leur tâche devait produire les résultats fâcheux que M. Caird redoute, on s'expliquerait difficilement l'attachement des Anglais et des Flamands pour leurs usages; on ne concevrait pas pourquoi ceux d'entre eux qui ont été jusqu'ici assez adroits ou assez heureux pour ne pas se faire ruiner, songent si peu à revenir par des stipulations expresses au régime français. L'opinion de l'agronome anglais est, à n'en pas douter, empreinte d'une crainte exagérée. Dans les baux des landlords, dans les usages en vigueur depuis un temps immémorial dans les différents projets de loi présentés aux Chambres françaises ou anglaises ou discutés dans les Sociétés d'Agriculture, et enfin dans « l'*Agricultural Holdings Act* [1], » bill qui se proposait comme but « d'amender la législation relative aux locations agricoles en Angleterre, » et qui fut voté le 13 août 1875 par le Parlement britannique, on a eu soin d'imposer des règles aux experts et de garantir les intéressés, dans la limite du possible, contre l'arbitraire de leurs appréciations. Si l'on prend le système de l'Acte anglais, par exemple, on voit que toutes les améliorations qu'un fermier peut faire sont divisées et classées en trois catégories, suivant leur importance. Dans chaque catégorie le législateur a déterminé le laps de temps pendant lequel une indemnité sera due, c'est-à-dire vingt, sept et trois

____

(1) *Annuaire de législation comparée*, 1876, p. 196.

années, et fixe le maximum de l'indemnité pour chacune de ces années. Le montant de cette indemnité s'élève à la somme dépensée sous la déduction d'une fraction annuellement augmentée d'un vingtième, d'un septième, et qui devient ainsi d'autant plus forte que le fermier a joui plus longtemps de l'amélioration. La détermination de l'indemnité due pour les améliorations de la troisième catégorie n'est pas soumise à la même règle. Les experts n'ont pas le droit de dépasser la quotité fixée par la loi, mais leur évaluation peut rester en deçà. Enfin, il ne faut pas oublier que le fermier ne peut rien réclamer pour les améliorations autres que celles qui s'imposent à un bon père de famille, et qui rentrent dans les exigences d'une culture ordinaire, s'il n'a préalablement obtenu le consentement du propriétaire. Ces réserves sont éminemment sages.

En Flandre, l'usage a également imposé des règles aux experts; là, on paie tantôt le tiers, tantôt la moitié de la valeur des engrais qui ont déjà servi à produire une récolte; dans le pays de Waes on va jusqu'à allouer une indemnité fixe de 21 francs par hectare pour la fumure enterrée depuis deux ans. On remarquera en passant qu'en Flandre comme en Angleterre, ce qui est payé ce n'est pas la plus-value donnée, c'est la somme ou une partie de la somme dépensée pour l'amélioration; cela est juste; le propriétaire ou le fermier entrant, s'il eût cultivé lui-même, aurait été obligé, en bon cultivateur, de faire ces impenses. Rien de plus équitable, puisqu'il en bénéficie, qu'il les rembourse quand bien même elles n'auraient pas augmenté d'autant le prix de l'immeuble.

Le célèbre agronome français, Mathieu de Dombasle, a essayé, pour prévenir les inconvénients de la double expertise, d'établir indirectement le chiffre de l'indemnité au moyen d'une clause qu'on appelle « *la clause de surenchère*. » Voici cette clause telle qu'on la trouve dans le bail de Roville, domaine qu'il avait pris à ferme :

« Le bail étant réglé pour vingt ans, si, à son expira-
« tion, le preneur notifie au bailleur qu'il entend lui faire
« une augmentation de 1,000 fr. de fermage et que celui-
« ci accepte, le bail sera prorogé pour vingt ans; s'il
« refuse, au contraire, il sera obligé de payer une somme
« de 10,000 fr. au preneur comme indemnité des amé-
« liorations faites sur le domaine et que celui-ci estime
« à 1,000 fr. de rente. Si, après le refus du bailleur, le
« premier croit que ses améliorations valent plus de
« 1,000 fr. de rente d'augmentation, il pourra offrir
« 500 fr. de plus; l'acceptation du bailleur entraîne la
« prorogation de vingt ans de ferme; son refus le soumet
« au paiement de 15,000 fr. Après le second refus du
« bailleur nouvelle offre de 500 fr., et ainsi de suite, etc.

« Cette sorte d'enchère reste ouverte entre les deux
« parties et n'est définitivement terminée qu'après qu'une
« notification est restée sans réplique. »

Ce système peut nuire au bailleur et au preneur, suivant le cas. Au bailleur, car s'il désire rentrer en possession de son domaine pour l'exploiter ou parce que le fermier est négligent, il est menacé de payer une indemnité exagérée, ne correspondant à aucune amélioration; au preneur, car s'il quitte à la fin du bail il perd le bénéfice de ses améliorations et, s'il tient à rester, un fermage plus élevé lui sera probablement réclamé à raison même des impenses qu'il aura faites.

Puisque le système de l'indemnité directe est très-pra

tique et qu'il est infiniment plus équitable, donnons-lui donc nos préférences et souhaitons que nos législateurs, à l'exemple du Parlement britannique, l'introduisent dans nos lois.

2° La difficulté est de savoir comment ils doivent réaliser ce vœu. Suffit-il qu'ils fassent du principe d'indemnité un principe de droit commun? Faut-il, au contraire, qu'ils l'érigent au rang de principe d'ordre public et qu'ils défendent d'y déroger par des conventions particulières. C'était le vœu du peuple anglais, lorsqu'il en réclamait la consécration législative. Aussi grande fut sa déception lorsque parut l'Acte du 13 août 1875, car, dans son article 54, cette loi laisse le bailleur et le fermier positivement libres « de formuler et de stipuler entre eux toutes conventions qu'ils jugeront à propos. » La presse, se faisant l'écho du mécontentement général, assaillit alors de quolibets le bill du duc de Richmond. Le *Times* le considéra comme une platonique « homélie aux landlords. » Un autre journal, « *The Mark Lane Express,* » plus irrévérencieux encore dans son langage, le qualifia catégoriquement de « farce législative. » Le mot était sévère mais juste, car depuis l'Acte n'a pas réalisé les espérances qu'il avait fait naître.

En France, si l'indemnité n'est pas déclarée obligatoire, il faut s'attendre également à voir les propriétaires, fidèles aux anciens errements, s'empresser de l'écarter par une clause expresse. « Cette clause même deviendra bientôt de style et les notaires la mettront d'office dans l'acte, sans que cela leur soit demandé, » ainsi que le présumait M. Suin, lors de la grande enquête agricole de 1867. Justement effrayé de ce danger, M. V. Emion, dans un remarquable article publié en 1873 par la *Revue pratique* [1], réclamait avec énergie que l'obligation d'indemniser le fermier de ses améliorations fût imposée au bailleur d'une façon absolue et irrévocable. Autant que cet écrivain, nous sommes convaincu de l'utilité de la clause d'indemnité et désireux de la voir adoptée dans les baux; mais il nous semble trop radical et trop autoritaire de vouloir l'y faire entrer de force. Sans doute, comme le remarque bien M. Emion, en maintes hypothèses, le législateur a prohibé toute stipulation contraire aux dispositions édictées par lui. Mais on ne considère pas assez que son but a été toujours de sauvegarder les bonnes mœurs, ou le droit d'autrui, ou bien de protéger contre les embûches des tiers tous ceux qui, à raison de leur faiblesse ou d'une contrainte matérielle ou morale, sont incapables de s'obliger d'une manière consciente ou libre. Dans le cas qui nous occupe, on lui demande plus que cela; il s'agit bien pour lui de se conformer à sa mission qui est de défendre les faibles tout en garantissant le principe de la liberté des conventions! On veut qu'il substitue sa volonté à celle des bailleurs, qu'il agisse en leur lieu et place, et qu'au nom d'un intérêt social il viole à la fois et leur liberté et leur droit de propriété. Aujourd'hui, c'est la faculté de disposer à leur guise du droit de jouir de leurs biens qu'on propose d'entamer, demain on viendra les empêcher de laisser leurs terres en friche, en attendant qu'on leur impose un plan de culture dont ils ne pourront pas se départir. Cette loi qu'on demande au législateur ne serait donc pas autre chose qu'une vedette des théories socialistes; elle le placerait sur une mauvaise pente. Aussi n'est-il pas inutile de lui donner l'alerte!

(1) *Revue pratique*, 1873, p. 205.

Tout ce qu'on peut faire, à notre avis, c'est d'accorder aux preneurs le droit à une indemnité, chaque fois que leurs baux ne s'en occuperont pas, chaque fois que les contractants s'en seront remis à la loi du soin de régler les conditions de leurs conventions, c'est encore de veiller à ce que les preneurs soient plus éclairés; s'ils sont ignorants, c'est surtout de prendre garde que leurs intermédiaires, leurs conseillers habituels, les notaires, soient bien renseignés sur les principes du droit rural et de l'économie agricole; qu'ils abandonnent tout ce fatras de clauses surannées reproduites comme par une sorte d'entêtement machinal dans chacun de leurs baux et qu'ils aient enfin la hardiesse de remanier et de moderniser un peu leurs styles séculaires.

A cela se borne la tâche du législateur, mais encore faut-il qu'il s'en acquitte!

CHAPITRE III.

De la durée des baux.

Avez-vous véritablement le désir de lancer le fermier dans les entreprises hasardeuses d'une culture intensive? Force vous est de lui donner plus que la certitude de rentrer dans ses déboursés. A coup sûr, vos efforts seraient vains si vous ne lui laissiez entrevoir, en même temps, la possibilité d'en tirer un profit sérieux. Or, avec les chances multiples auxquelles l'expose le caprice des saisons, quel espoir pourrait-il fonder sur un bail à court terme?

La durée habituelle des baux ordinaires est donc, elle aussi, une chose très-importante à considérer, mais l'entente est si générale et si complète sur tout ce qui est relatif à ce sujet, qu'il serait superflu de nous y attarder longtemps, et de donner à ce chapitre des développements qu'il ne comporte pas. Quelques mots suffiront pour constater combien la pratique laisse à désirer sous ce rapport, et pour faire ressortir la nécessité d'accorder de plus longs termes aux locataires du sol.

1° Que les baux soient généralement beaucoup trop courts, c'est ce que nul ne s'avisera de nier. Toutes les commissions d'enquête l'ont constaté, et quiconque a voulu s'en assurer par lui-même a été forcé de le reconnaître. M. Baudrillart, à qui l'Académie des Sciences morales et politiques a confié le soin d'une étude sur l'état matériel, intellectuel et moral des populations agricoles, se plaint, dans ses rapports [1], que la généralité des baux en Normandie, en Picardie, en Artois, contrées qu'il a déjà visitées, soient entachés de ce vice capital. « En Normandie, dit-il, par exemple, les baux dépassent rarement 12 ou 15 ans. De tels baux sont plus nombreux qu'autrefois, mais, de l'aveu général, ils sont loin encore d'être aussi fréquents qu'on pourrait le désirer..... La durée de 9 années est, en définitive, celle qui prévaut. Les baux de 6 ans, de 3 ans même sont communs pourtant dans la petite ou moyenne culture. »

(1) Compte rendu des travaux et séances de l'Académie des Sciences morales et politiques, 1880, 1881, 1882.

« Presque partout, constate de son côté M. P. Leroy-Beaulieu, les baux sont trop courts sur le continent du moins, et ne laissent pas au fermier assez de repos d'esprit et des perspectives assez longues [1]. »

2° Cette tranquillité et ces longues perspectives lui sont cependant éminemment nécessaires.

Tout le monde est encore d'accord sur ce point. Les rotations plus scientifiques qu'exigent les nouveaux procédés de culture et les travaux considérables d'amélioration qui s'ensuivent rendent indispensable une prolongation de la durée habituelle des baux.

« En 1803 et 1804, déclarait M. du Miral devant la Commission d'enquête agricole, le 18 mars 1870, lorsque le Code civil avait eu à régler cette matière si importante pour l'agriculture, les progrès agricoles qui se sont réalisés depuis avec une intensité à laquelle nous applaudissons tous ici étaient alors tout à fait dans l'enfance.

» A cette époque, l'assolement en honneur, celui qui était considéré comme un progrès était l'assolement triennal ; c'est lui qui a été la véritable base de la durée légale des baux de 9 années qui se trouve dans le Code, cela constituait pour les fermiers trois rotations, et comme ceux-ci ne faisaient alors aucune am élioration et que tout le mérite d'un bon fermier consistait à bien nettoyer ses terres, à bien sarcler ses récoltes, les baux de 9 ans, dans ces conditions, étaient considérés comme très-suffisants.

» Aujourd'hui il n'en est plus de même, tout est changé ; la prairie artificielle qui existait seulement à l'état d'en-

[1] *Essai sur la répartition des richesses*, p. 147.

fance, s'est considérablement développée; les améliorations foncières, l'emploi d'un grand capital, les transformations territoriales, le développement des cheptels, tout cela est devenu usuel et, à l'heure qu'il est, il n'existe plus une seule période culturale ayant pour base la prairie artificielle ou les plantes sarclées qui ne soit au minimum de 4, 5 et même 6 années.

» Le législateur s'est tellement rendu compte de l'insuffisance actuelle de la durée légale de 9 ans des baux de biens ruraux, qu'à une époque récente, lors de la confection de la loi de 1852, on a considéré les baux plus prolongés comme étant favorables à l'agriculture et qu'on a parlé de fixer cette durée à 18 ans. On a eu parfaitement raison, car rien, à mon avis, n'est de nature à faire progresser l'agriculture et à encourager les améliorations agricoles de la part des fermiers, comme la longue durée des baux : pas un fermier prudent n'entreprendra la transformation d'une grande propriété rurale, s'il n'entrevoit la possibilité, au moyen de la durée de son bail, de récupérer, dans les dernières années de son fermage, les avances qu'il aura faites dans les premières années.

» C'est ce qui fait que les propriétaires intelligents ont consenti non-seulement à allonger les baux de leurs biens ruraux, mais encore à introduire dans le mode de paiement de leurs fermages une progression proportionnée au peu de produits que le fermier pourrait retirer au début et aux produits plus élevés que lui donneraient les dernières années de son exploitation. »

Ce bail à loyer progressif a, en effet, le grand mérite d'encourager le fermier et de l'aider à tirer le meilleur parti de sa terre. Les rotations nouvelles exigent des avances considérables dont le profit ne se recueille qu'à la longue; d'où il résulte qu'au début le fermier peut se trouver dans la gêne; il lui est alors très-avantageux de ne payer qu'un faible loyer. On sait que Mathieu de Dombasle a été en déficit, à Roville, pendant les dix premières années et qu'ensuite il a réalisé des bénéfices qui n'ont guère fait que couvrir ses pertes ou plutôt que lui restituer le capital de ses améliorations, bénéfices qui se seraient considérablement accrus si le bail eût été prorogé de quelques années. L'exemple du célèbre agronome prouve donc à la fois que la stipulation d'un fermage progressif serait d'une grande utilité, et que la durée d'un bail doit être assez longue pour équilibrer les bonnes et mauvaises récoltes et surtout pour récompenser du travail et du capital dépensés en améliorations. Cette durée qui ne devrait jamais descendre au-dessous de 18 ans pourrait même, dans une foule de cas, très-avantageusement embrasser une plus grande série d'années:

Jusqu'ici les propriétaires seuls ont résisté. La crise actuelle les rend plus accommodants, et il n'y a pas à désespérer que les fermiers mieux éclairés ne se mettent enfin à exiger de leurs bailleurs ce que réclame, après tout, leur intérêt bien compris.

Nous avons ainsi répondu à toutes les questions que nous nous étions posées au commencement de cette partie; nous en avons fini avec la condition économique du preneur.

BAIL EMPHYTÉOTIQUE.

L'emphytéose est un contrat fort ancien. Elle nous vient des Romains. Dans l'ancien droit, l'emphytéose fut très-répandue : on distinguait alors l'emphytéose perpétuelle et l'emphytéose temporaire ou bail emphytéotique. A Rome, l'emphytéose, même perpétuelle, ne transféra jamais au preneur qu'un droit réel de jouissance. Il en fut autrement dans notre ancienne France; là, l'emphytéose, se confondant en fait, dans la plupart des cas, avec le bail à cens et le bail à rente, prit l'empreinte des contrats féodaux et perdit les caractères de l'emphytéose romaine. Elle transférait au preneur un domaine utile. Dumoulin essaya bien de soutenir, en s'appuyant sur une loi romaine, que l'emphytéose temporaire, c'est-à-dire le bail emphytéotique, ne pouvait transmettre qu'un droit réel de jouissance. Son système ne triompha point.

Le droit intermédiaire supprima l'emphytéose perpétuelle, mais il conserva d'abord à l'emphytéose temporaire son ancien caractère (loi du 2 décembre 1790). Seulement, comme il était dans son esprit de faire disparaître la distinction entre le domaine direct et le domaine utile, il fallait de deux choses l'une : ou qu'il la considérât comme entraînant transfert de propriété au profit du preneur ou qu'il n'en fît découler qu'un simple droit de jouissance. C'est ce dernier parti qu'il prit, et les lois du 9 messidor an III et du 11 brumaire an VII, ne voient plus dans le droit de l'emphytéote qu'un simple droit réel de jouissance.

Le preneur emphytéotique est-il encore investi d'un droit réel sous l'empire du Code civil? Les avis sont très-partagés sur ce point. Un premier système soutient que les lois de l'époque intermédiaire sont toujours en vigueur et que, par conséquent, le bail emphytéotique confère encore, de nos jours, un droit réel susceptible d'hypothèque. La jurisprudence est favorable à ce système, mais ses arrêts ne s'entendent guère sur le véritable caractère de ce droit réel. Ils le qualifient tantôt de droit de propriété, tantôt de quasi-propriété, tantôt enfin de droit de jouissance. Les auteurs, plus avisés, ne remontent pas au delà des lois de l'an III et de l'an VII ; ils disent que le droit de l'emphytéote n'est qu'un droit de jouissance.

Nous ne nous rangeons pas à leur opinion et nous préférons adopter celle des interprètes qui pensent que le silence du Code comporte l'abrogation implicite de la législation intermédiaire sur l'emphytéose.

A nos yeux, cette abrogation résulte : 1° d'abord de l'article 543. Cet article a eu, en effet, pour but de déterminer « les seules modifications dont les propriétés seraient susceptibles dans notre organisation politique et sociale. » Or, dans l'énumération limitative des droits réels qu'on peut établir sur les biens, l'emphytéose n'est pas comprise. La jurisprudence a essayé de l'y faire rentrer en disant qu'elle est un droit de propriété ; mais elle oublie que les lois de l'an III et de l'an VII l'ont transformée. — Aussi est-ce plutôt comme droit de jouissance qu'on la croit visée dans l'énumération de l'article 543. — C'est encore une erreur : l'article 543 est le sommaire des titres qui suivent; les droits de jouissance auxquels il fait allusion, sont ceux dont il est traité dans le titre troisième, c'est-à-dire les droit d'usufruit, d'usage et d'habitation. Les travaux préparatoires ne laissent subsister aucune incertitude à cet égard [1]. « Nous allons « reprendre, dit Treilhard, la première série des titres, « et vous vous occuperez du livre II, c'est-à-dire des « biens considérés sous leurs différentes modifications. « Le livre renferme quatre titres : De la distinction des « biens, — De la propriété, — De l'usufruit, de l'usage « et de l'habitation, — Des servitudes ou services fon-« ciers. — *Voilà, en effet, les seules modifications dont* « *les propriétés soient susceptibles* dans notre organisa-« tion politique et sociale. »

2° L'abrogation résulte, en second lieu, de l'article 2118. Cet article qui contient l'énumération des droits réels susceptibles d'hypothèque garde le silence le plus absolu sur l'emphytéose. Cela est d'autant plus remarquable, que les auteurs du Code prirent pour guide, dans la rédaction du titre des Hypothèques, la loi de brumaire an VII. L'article 2118 est la reproduction de l'article 6 de cette loi; cependant il omet de comprendre dans l'énumération des droits réels susceptibles d'hypothèque « la jouissance à titre d'emphytéose, » et cette omission a été calculée. Au Conseil d'État, lors de la rédaction de l'article 2118, des réclamations s'élevèrent en faveur de

_____

(1) Locré, t. XVI, p. 253.

l'emphytéose, mais Tronchet répondit que l'emphytéose n'avait plus d'objet et qu'on n'avait pas cru devoir s'en occuper [1].

3° A ces deux arguments il faut ajouter une observation pratique qui a bien aussi sa valeur : A quels caractères reconnaîtra-t-on le bail emphytéotique d'un bail ordinaire? Ce serait, d'après un arrêt de la Cour de cassation du 24 août 1857 [2], à la longue durée de la jouissance, à la modicité de la redevance, à l'obligation pour le preneur de supporter les améliorations prévues au contrat; mais on a fait observer avec raison que les mêmes conditions pourraient se rencontrer dans un bail ordinaire où les parties n'auraient pas voulu faire une emphytéose. L'incertitude où l'on se trouve pour trouver les éléments constitutifs de l'emphytéose nous prouve une fois de plus que le Code n'a pas voulu la maintenir.

Ainsi, d'après le système que nous adoptons, la condition juridique du preneur emphytéotique ne diffère en rien de celle du preneur ordinaire. Au point de vue économique, on peut faire remarquer seulement que son bail a très-souvent une plus longue durée. Dans le système consacré par la jurisprudence, le preneur emphytéotique est, au contraire, investi d'un droit réel susceptible d'hypothèque.

Le projet de Code rural, récemment discuté et adopté par le Sénat, reconnaît l'emphytéose et rend au bail emphytéotique la puissance de conférer un droit réel susceptible d'hypothèque.

____

(1) Fenet, t. XI, p. 33.
(2) Cass., Dall., 57. 1. 326.

BAIL HÉRÉDITAIRE.

Le bail héréditaire (*erbpacht*) est usité en Alsace. C'est un contrat par lequel une personne cède la jouissance d'un immeuble rural, moyennant certaines redevances, à une autre personne et à ses descendants mâles en ligne directe.

Cette variété du bail à ferme est, sans aucun doute, un vestige des concessions agraires primitivement faites à titre héréditaire.

C'est elle qui en a le mieux conservé les caractères. Aussi leur doit-elle de vivre encore sous l'empire de nos lois modernes !

Le bail héréditaire ne confère au preneur qu'un droit de jouissance, le droit personnel qui naît de tout louage de choses. « Cela, dit M. Dupin, est de notoriété en Alsace, notoriété solennellement avouée, déclarée et approuvée par de nombreux arrêts de la Cour de Colmar. » La concession n'étant faite qu'au preneur et à ses héritiers mâles en ligne directe, le droit conféré ne peut pas être considéré comme perpétuel.

Autrefois, le preneur pouvait, avec l'autorisation du propriétaire, aliéner et céder son droit par une vente.

La Cour de cassation a émis des opinions différentes

sur la nature du droit du preneur dans le bail héréditaire. Dans un arrêt rendu, toutes chambres réunies, le 24 novembre 1837, sur les conclusions de M. Dupin, elle déclara que ce droit ne différait pas de celui du preneur ordinaire. Mais plus tard, le 16 juin 1852, elle changea de jurisprudence, reconnut au preneur un droit de propriété et lui permit de racheter la redevance que le bailleur lui avait imposée.

Au point de vue économique, la condition faite au preneur est très-avantageuse : il n'a pas à craindre une augmentation de la redevance ; il est assuré de transmettre à ses enfants le fruit de ses sacrifices et de ses peines et se trouve garanti complètement contre cette instabilité qui est la ruine de nos campagnes et le fléau des familles agricoles. C'est en se plaçant à ce point de vue que M. de Laveleye a pu dire très-justement que le bail héréditaire pouvait fournir un élément de conciliation dans le débat engagé entre celui qui met la terre en valeur et celui qui touche la rente.

BAIL A DOMAINE CONGÉABLE.

Le bail à domaine congéable, ou bail à convenant, est un contrat particulier à la Bretagne. Son origine, comme celles de toutes les vieilles tenures, a donné lieu à beaucoup de conjectures, à d'ingénieuses hypothèses. Le médecin de Henri IV, Roch-le-Baillif, est allé jusqu'à prétendre qu'il venait des Troyens [1]. Nous préférons croire tout simplement, avec M. Garsonnet [2], que le bail à domaine congéable ne fut dans le principe qu'une des nombreuses variétés du bail à long terme, voire même du bail héréditaire. L'égoïsme des propriétaires le transforma par la suite en bail à courte échéance, comme nous le verrons plus loin transformer, en Picardie, le droit de marché, autre variété du bail héréditaire. Le bail à domaine congéable n'échappa point sans peine aux réformes foncières de la Révolution. D'abord supprimé par un décret du 27 août 1792, il fut ensuite rétabli par un décret du 9 brumaire an VII.

[1] *Petit traité de l'antiquité et singularités de Bretagne Armorique* (Rennes, 1577, p. 168).

[2] Garsonnet, *Histoire des contrats de location perpétuelle*, p. 398.

Le bail à domaine congéable est un bail par lequel un propriétaire concède à un tiers la jouissance de sa terre pour un temps déterminé ou même illimité, moyennant une redevance annuelle et aliène en même temps au profit du preneur la propriété des édifices ou superfices qui couvrent ou couvriront les fonds, mais en se réservant le droit de congédier le preneur, c'est-à-dire de l'expulser à l'expiration du terme à la condition de lui payer la valeur des édifices et superfices.

Ainsi trois idées caractérisent la condition juridique du fermier dans ce contrat :

1° Comme un fermier pur et simple, il n'acquiert aucun droit réel sur le fonds; il n'a qu'une créance de jouissance;

2° A la différence de ce fermier, il est propriétaire des édifices ou superfices (plantations, constructions, clôtures, cultures) faits ou à faire.

3° Enfin, comme lui, il peut être contraint de quitter le sol à l'expiration du bail, si le bailleur ne veut pas renouveler; mais il a le droit alors de se faire rembourser la valeur des édifices ou superfices.

Cette restriction est ce qui distingue, au point de vue économique, la condition du preneur convenancier de la condition du preneur ordinaire. Le preneur convenancier peut, grâce à cette clause, se faire rembourser ses améliorations en ce qui concerne la durée du bail, les fermiers bretons ne sont pas plus favorisés aujourd'hui que les fermiers ordinaires. Les propriétaires, disent MM. Benoiston de Châteauneuf et Villermé, dans un rapport présenté à l'Académie des Sciences morales et politiques, « ont abusé de l'espèce de domination qu'ils n'ont cessé d'exercer sur leurs tenanciers, pour raccourcir des baux dont la longueur coûtait trop à leur impatience : peu à peu ils les ont réduits au terme de neuf ans [1]. »

En usant sans mesure de leur droit de congément, les propriétaires ont fait du bail à convenant une des causes principales de la misère en Basse-Bretagne.

(1) *Mémoires de l'Académie des Sciences morales et politiques*, t. IV, 1844, p. 735 et suiv.

DROIT DE MARCHÉ.

AVANT-PROPOS.

Dans une certaine région de la Picardie, le louage des terres se présente communément sous une forme originale et curieuse. Ce nouveau type de location engendre, au profit du preneur, un droit particulier et caractéristique qu'on appelle *Droit de Marché*. On manque d'éclaircissements sur son origine. Cependant la plupart des jurisconsultes qui en ont traité paraissent convaincus de l'illégitimité de sa filiation. A leurs yeux, c'est à une transformation abusive du bail à ferme pur et simple qu'il devrait l'existence. Une pratique constante et déjà fort ancienne leur donne raison; aux siècles derniers, l'administration le considérait comme un usage illégalement greffé sur le bail à ferme et jusqu'ici les tribunaux, sauf de rares exceptions, ont été du même avis. Que cette supposition soit vraie ou mal fondée, il n'en est pas moins exact de dire que le Droit de Marché constitue, de nos jours, une variété du bail à ferme. L'examen de la condition du preneur sous l'empire de cette tenure rentre donc à juste titre dans le cadre de notre étude. Mais avant de l'aborder, nous nous permettrons de sortir un instant des limites que nous nous sommes tracées pour jeter un coup d'œil sur l'origine du Droit de Marché, passer en revue les principales explications qu'on en a fournies et exposer brièvement notre opinion personnelle sur cette délicate question qui est encore un des points les plus obscurs de l'histoire de la propriété dans le Nord de la France.

CHAPITRE PREMIER.

Origine du Droit de Marché.

§ Ier.

Domaine. — Caractères. — Définition du Droit de Marché.

Le Droit de marché, s'il faut en croire quelques auteurs, aurait eu, à une certaine époque, un domaine étendu; mais il se serait par la suite définitivement cantonné dans une partie de la Picardie correspondant à peu près à la subdivision territoriale qu'on nomme le Santerre et à la portion de l'ancien Vermandois la plus rapprochée de Péronne. Il a conservé de nos jours un champ d'application assez vaste, car on le rencontre encore, au dire de

M. l'abbé de Gagny [1], dans près de 250 communes. Longtemps cet usage demeura inconnu aux jurisconsultes. Il en est fait, pour la première fois, mention dans la préface du traité *du Louage* de Troplong. A peine jusqu'alors avait-il attiré l'attention de certains praticiens et historiens locaux dont les opuscules et les ouvrages n'avaient guère, à cause de la spécialité de leur objet et de l'intérêt relatif qui s'y attachait, franchi les bornes de leur province natale. Il eut depuis meilleure fortune et, après avoir fait le sujet d'un discours de rentrée, prononcé en 1864 devant la Cour d'Amiens, par M. Saudbreuil [2], il fournissait récemment encore à M. Lefort, avocat à la Cour d'appel de Paris, l'occasion de présenter un mémoire très-intéressant à l'Académie des Sciences morales et politiques [3]. Quoi qu'aient écrit ces deux jurisconsultes sur l'origine du Droit de Marché, celle-ci n'en reste pas moins, à nos yeux, un problème historique à résoudre, et nous sommes loin de penser, avec notre honorable maître, M. Garsonnet, que l'étude de M. Lefort ait donné sur ce point le dernier mot de la science [4].

Assurément, si le Droit de Marché fait tache dans l'organisation actuelle de la propriété, il faut bien convenir qu'il est en parfaite harmonie avec les tenures foncières des temps antérieurs.

Un simple rapprochement suffit pour mettre leur res-

(1) *Histoire de l'arrondissement de Péronne,* par M. l'abbé de Gagny, 2 vol. in-8°; Péronne, Quentin, 1869, t. I, p. xix.

(2) *Bulletin des Tribunaux,* des 5, 9 décembre 1864 et 2 janvier 1865; Amiens, Lemer, 1864.

(3) Lefort, *Le Droit de Marché,* Paris, in-8°, Thorin, 1877.

(4) Garsonnet, *Histoire des locations perpétuelles et des baux à longue durée,* p. 388, Paris, 1879, in-8°.

semblance en relief, et cette parenté se trahit et s'accuse non-seulement dans les traits généraux, mais même dans les détails. La perpétuité et l'hérédité qui sont les attributs de ces tenures se retrouvent, en effet, dans le Droit de Marché; ajoutons la fixité de la redevance annuelle [1], la possibilité d'une aliénation à titre onéreux ou gratuit, caractère pourtant que n'eurent pas toutes les tenures, et enfin la subordination de presque toutes les transmissions au paiement d'un certain droit. Ces différents caractères du Droit de Marché expliquent aisément pourquoi MM. Merville et Troplong se sont refusés à voir dans cette tenure une œuvre des paysans insurgés contre le droit et la justice; peut-être aussi ont-ils été la cause des longues hésitations que M. Lefort nous dit avoir lui-même éprouvées avant de se ranger à une autre opinion [2]. En présence d'une affinité qui rattache par des liens si étroits le Droit de Marché aux contrats de culture du Moyen-âge, il nous est impossible de ne pas rejeter l'idée que les paysans auraient eux-mêmes inventé et créé cette tenure. Naturellement nous n'admettons pas davantage la définition qu'elle a dictée à M. Lefort. Le Droit de Marché tel que l'entrevoit cet auteur n'est, nous semble-t-il, qu'une dégénérescence du véritable usage. Nous pensons, en effet, que dans sa conception première tout au moins, il ne fut pas autre chose qu'un droit réel de jouissance, perpétuel, hérédi-

____

(1) La fixité de la redevance n'existe plus guère aujourd'hui. Les fermiers, de guerre lasse, ont fini par consentir à des augmentations. Le village de Mons-en-Chaussée est, croyons-nous, le seul qui ait résisté jusqu'ici et paie encore les fermages modiques et invariables d'autrefois.

(2) *Op. cit.*, p. 14.

taire, transmissible à titre onéreux ou gratuit et concédé par un propriétaire foncier sous la charge d'une redevance annuelle irrévocablement fixée. Il nous sera possible de préciser davantage et de motiver, sinon de justifier, cette manière de voir, lorsque nous essaierons de chercher l'origine du Droit de Marché et de suivre sa trace dans l'histoire; mais auparavant il importe, sans entreprendre néanmoins une trop longue discussion, d'indiquer sommairement les principaux points de vue auxquels on s'est placé pour envisager sa formation historique.

§ II.

Différentes opinions émises sur l'origine du Droit de Marché.

Ces opinions sont nombreuses; on n'en compte pas moins de dix. Plusieurs auteurs font découler le Droit de Marché d'un contrat, sans que pour cela ils soient d'accord et sur la nature de cette convention et sur les événements qui l'ont amené à se produire; d'autres personnes en voient le principe dans un malentendu et beaucoup enfin le considèrent comme le résultat d'un abus et d'une usurpation.

Pour trouver la trace d'un accord survenu entre les propriétaires et les tenanciers, un auteur anonyme [1] n'a pas craint de remonter jusqu'à l'invasion franque. Les Germains, amoureux de la vie guerrière et nomade, se souciaient peu de cultiver eux-mêmes le sol qu'ils avaient

____

[1] M. G..., ancien notaire, *Le Droit de Marché*. Péronne, 1865, in-8°, p. 7.

conquis. Ils laissèrent ce soin aux vaincus, moyennant certaines charges et sous réserve de la propriété. Mais le temps n'effaça point l'empreinte du droit primitif de ceux qui avaient été ainsi réduits au rôle de simples colons. Il le laissa, au contraire, se survivre pour ainsi dire à lui-même dans une sorte de droit à l'exploitation des biens dont les vainqueurs s'étaient attribué le domaine. « Le fils succéda au père dans la culture de ses terres à ferme, dit notre auteur, comme il lui eût succédé dans la culture de ses terres en propriété. Il en fut de même des descendants de celui-ci. C'est ainsi que le Droit de Marché commença et s'établit naturellement à l'abri de l'ancien droit de propriété » dont il demeura, à travers les âges, comme le vestige aussi légitime qu'impérissable.

Ce système est ingénieux; il n'a qu'un défaut : c'est de remonter un peu trop haut. M. Lefort en a fait une réfutation péremptoire en rappelant à propos que cet accord survenu entre les habitants de la Gaule et les Barbares, donna lieu à une transaction très-connue, tout à fait différente, qui reçut un nom spécial, l'*Hospitalitas*, et dont les effets passagers eurent vite disparu lorsque ces envahisseurs, perdant le goût des courses aventureuses, se furent eux-mêmes adonnés à l'agriculture.

Il y avait une réponse encore plus décisive à faire : c'est qu'il eût été impossible à un pareil contrat de se former d'une façon générale, dans cette région. Lorsque les Germains y parurent, le sol n'avait guère été remué par le soc de la charrue gauloise et les bois qui la recouvraient de leur sombre manteau n'étaient pas encore tombés sous la cognée des premiers laboureurs. « A l'époque de la conquête des Francs, dit un archéologue picard très-distingué, M. Bouthors[1], cette partie de la Gaule Belgique qui a depuis formé la Picardie était presqu'entièrement couverte de forêts. L'histoire et les légendes nous apprennent que les premières communautés religieuses qui s'y établirent commencèrent à en opérer le défrichement et à réunir autour d'elles les populations qu'elles s'efforçaient de détacher de leur idolâtrie native. Les abbayes ruinées par les Normands se relèvent aux xi⁰ et xii⁰ siècles plus florissantes et plus nombreuses qu'elles ne l'avaient été auparavant. A mesure qu'une nouvelle communauté se forme dans un canton, les défrichements recommencent et augmentent la superficie des terrains destinés à l'agriculture. »

2° C'est précisément à ces travaux de défrichement et de mise en culture qu'un agriculteur picard, M. Vion[2], qui a écrit en faveur du Droit de Marché un plaidoyer plein de chaleur, de franchise et de loyauté, attribue l'origine de cet usage. De telles entreprises ne sont pas sans nécessiter de grands sacrifices; les propriétaires auraient-ils pu trouver des colons disposés à les affronter s'ils ne leur eussent promis, comme prix de leurs labeurs, des conditions exceptionnelles de jouissance? L'ensemble des avantages qu'ils concédèrent constitua le Droit de Marché. M. Lefort rejette ce système pour un triple motif : Au Moyen-âge, dit-il, les idées de bienveillance à l'égard des cultivateurs n'avaient guère cours auprès des seigneurs; aucune institution pareille ne se retrouve dans les contrées où s'exécutèrent de grands travaux

(1) Bouthors, *Mémoires de la Société des Antiquaires de Picardie,* t. XI, p. 104.

(2) Vion, *Le Droit de Marché,* Péronne 1868, 1 vol. in-8°, p. 14 et suiv.

de défrichement; enfin il serait singulier qu'il ne fût resté aucune formule, aucun titre de ces conventions intervenues entre les propriétaires et leurs colons. De ces trois arguments, le dernier nous paraît le plus sérieux et le mieux fondé [1].

3° C'est lui qui nous détermine à repousser l'explication la plus accréditée dans le Santerre : suivant une sorte de tradition précieusement conservée par les habitants de la contrée, le Droit de Marché aurait pris naissance à l'époque des croisades. En partant pour la Terre Sainte, les seigneurs, rapporte-t-on, demandèrent à leurs tenanciers des avances pécuniaires; ceux-ci en obtinrent en retour la concession d'un droit héréditaire de jouissance sur les terres qu'ils cultivaient et la promesse de ne jamais hausser la redevance annuellement servie. Un tel système, qui ne peut s'appuyer sur un aucun document historique, ne saurait avoir d'autre valeur que celle d'une légende.

4° Une autre opinion fait reposer notre usage sur une sorte de malentendu. A chaque renouvellement des baux il est de coutume, d'après cette opinion, que les fermiers paient aux propriétaires un certain droit appelé droit d'*intrade,* d'*agréation* ou d'*agrément.* Comme cette somme versée jadis par les fermiers entrants ne leur était pas remboursée à leur sortie du bail, ceux-ci ont fini par s'imaginer qu'ils avaient acquis une fraction du droit de propriété. Cette opinion confond deux choses bien distinctes, le *pot-de-vin* et l'*intrade.* A chaque renouvellement des baux, le droit que paient les fermiers est un *pot-de-vin.*

---

(1) La suite de notre étude montrera que la conjecture de M. Vion est bien près de la vérité.

L'intrade, au contraire, n'est due qu'à chaque transmission à titre onéreux ou gratuit du Droit de Marché. L'usage des *pots-de-vin* n'est pas général, et de plus il n'est pas spécial à la Picardie. Comment concevoir que les fermiers aient pu regarder comme le prix d'achat d'un démembrement de la propriété les arrhes qu'ils payaient au renouvellement des baux ? Pareille supposition n'est vraiment pas sérieuse. Passons donc au système de MM. Saudbreuil et Lefort.

5° Suivant eux, le Droit de Marché dérive d'une détention abusive, d'une usurpation commise par les fermiers. « C'est là, dit M. Lefort, la seule opinion admissible. » « A l'époque féodale, continue-t-il, la propriété étant exposée à de graves dangers, lors du renouvellement d'un bail, le fermier dut se servir de sa possession et profiter de la difficulté qu'éprouvait le propriétaire à trouver d'autres cultivateurs pour se faire attribuer des avantages exceptionnels. Le propriétaire, peu désireux de sortir des villes où il était en sûreté pour reprendre une exploitation dangereuse..., et reconnaissant peut-être aussi les heureux résultats des baux à longue durée, entourés alors d'une grande faveur, consentit à subir la loi du fermier qui refusa de déguerpir. Celui-ci se crut investi d'une possession juridique, et ses descendants en arrivèrent à se considérer comme les copropriétaires du bailleur. Le fait prit l'apparence du droit. »

§ III.

Critique de l'opinion généralement adoptée.

Cette thèse de MM. Saudbreuil et Lefort nécessite un examen attentif, car elle est de beaucoup la plus répandue. On s'explique d'ailleurs aisément la faveur qu'elle a obtenue près des magistrats et des jurisconsultes : elle seule s'appuie sur des documents historiques, les préambules mêmes des arrêts que le Conseil d'État a fulminés depuis 1679 contre le Droit de Marché. C'est, en effet, le gouvernement de Louis XIV qui déclara la guerre à cet usage, le considérant comme le fruit d'une coupable usurpation. Mais il eut beau épuiser contre lui les ressources inouïes de sa législation extraordinaire et draconienne, rien n'y fit. Toutes ses rigueurs se brisèrent contre la résistance opiniâtre des fermiers, et ceux-ci, persuadés de la légitimité de leurs revendications, se défendirent avec une audace et une ténacité qui n'eurent d'égales que la cruauté et l'iniquité des peines qui les frappaient, eux et leurs familles. Dans cette lutte, engagée entre le tenancier et le propriétaire énergiquement soutenu par l'administration, qui donc avait raison? Dans quel camp était la justice? Telle est la grave difficulté qu'il faut à présent résoudre. Pour la trancher, suffit-il des assertions contenues dans les préambules des arrêts? Devons-nous ajouter une foi sans limite à ces documents? — Il faut, nous semble-t-il, montrer plus d'exigence et de circonspection. Toute allégation, émanât-elle d'une autorité souveraine, même à l'apparence désintéressée, exige un contrôle sérieux. C'est pourquoi nous croyons utile et nécessaire d'examiner jusqu'à quel point peut être vrai l'historique que nous font du Droit de Marché les préambules des édits, quels sont les faits sûrement établis par eux, et ceux, au contraire, sur lesquels leur témoignage paraît incomplet, incertain, voire même erroné. Mais tout d'abord, reproduisons ici les principaux passages des deux arrêts qui donnent les renseignements les plus circonstanciés et les plus précis, celui du 4 novembre 1679 et celui du 25 mars 1724. L'arrêt de 1679 s'exprime ainsi : « Le Roi ayant été informé que par un désordre causé par la longueur et la rigueur des guerres il est arrivé que dans les villages de la Picardie, du côté de l'Artois, Cambrésis et Vermandois, la plus grande partie des biens et des fermes appartenant à *plusieurs particuliers* ont été et sont encore présentement occupés et détenus par force et sans le consentement des propriétaires, soit par leurs anciens fermiers ou autres qui s'en sont emparés à la faveur et pendant les dites guerres, les ayant partagés à leurs enfants qui les ont fait passer par ventes, échanges ou autrement ès-mains d'autres personnes, ne les voulant point rendre, reprendre à nouveau fermage, ni passer aucun bail, nonobstant les divers commandements qui leur en ont été et leur sont journellement faits, jusque-là même qu'encore qu'ils témoignent par leurs discours ne vouloir pas en empêcher la jouissance aux dits propriétaires, sans un exprès consentement d'eux, signé volontairement et sans contrainte de justice, moyennant des sommes considérables qu'ils en retirent, personne n'oserait reprendre ces biens en ferme desdits propriétaires par les menaces secrètes du feu ou autres mauvais traitements et outrages qui leur sont faits par des voies indirectes de la part des dits occupeurs dont il est impossible d'avoir des preuves. »

Voici maintenant l'exposé de griefs mis en tête de l'édit de 1724 :

« Le Roi étant informé que les longues guerres que les rois, ses prédécesseurs, ont été obligés de soutenir sur les frontières de Picardie ayant privé la plus grande partie des propriétaires des terres qui y sont situées, de la liberté de sortir des villes où ils faisaient leur résidence pour veiller à leurs biens de campagne, les fermiers pendant tout ce temps et même depuis, surtout dans la partie de la Picardie appelée Sangterre, du côté de Péronne, Montdidier, Roye et Saint-Quentin, se sont perpétués de père en fils dans la jouissance de leurs exploitations en payant seulement aux propriétaires de modiques redevances telles qu'elles étaient établies pendant les anciennes guerres où les biens n'étaient point en valeur, et se sont insensiblement accoutumés à en jouir comme de leur propre bien, sans vouloir ni renouveler leurs baux, ni en proportionner le prix aux circonstances des temps, ni même souffrir leur dépossession suivant une ancienne tradition et une espèce de convention qu'ils ont eu la témérité de faire entre eux..... Ils se sont persuadés que leurs anciens et modiques fermages ne sont que de simples reconnaissances qu'ils doivent aux propriétaires pour être maintenus héréditairement dans leurs exploitations avec faculté d'en disposer. Ils poussent jusqu'à cet excès d'insolence de donner en mariage, partager à leurs enfants, céder ou rétrocéder le tout ou partie de leurs baux sans le consentement des propriétaires, même par des actes passés devant notaires ou à cri public, comme s'ils étaient maîtres et possesseurs incommutables des terres. Ils menacent d'incendie et d'assassinat....., l'exécution suit de près la menace. Il y a entre eux un concert qui rend la justice impuissante à recueillir les preuves de culpabilité..... Les seigneurs qui ont la justice ménagent les frais de recherches et poursuites qu'ils savent inutiles... Cet abus qui dans les premiers temps ne s'est fait sentir que sur les terres des particuliers bourgeois des villes aurait passé jusqu'aux biens des églises et des seigneurs et se serait étendu jusqu'aux simples commissions ou emplois de villages..... »

C'est à dessein que nous avons rapproché ces deux textes : leur confrontation suffit, à elle seule, pour donner la mesure du crédit qu'il est possible d'accorder à leurs déclarations. Ils sont loin, à coup sûr, de lever tous les doutes susceptibles de préoccuper un esprit impartial et sans prévention. Mais combien plus nombreuses encore deviendront les causes d'hésitation si l'on essaie de mettre en harmonie avec leur système les faits saillants dont leurs dispositions contiennent la révélation plus ou moins implicite et ceux qu'ils ont laissés dans l'ombre mais dont la trace ne s'est pas moins conservée jusqu'à nos jours, et qu'enfin, poussant plus loin l'investigation, on demande au passé l'explication de toutes ces particularités?

Parmi ces particularités, il nous plaît d'en relever deux signalées par l'édit de 1724, l'une pour indiquer comment s'est propagé le Droit de Marché et l'autre pour expliquer comment il avait pu se former :

1° C'est sur les terres des bourgeois que se manifesta tout d'abord la prétention des fermiers;

2° Leur usurpation s'est consommée à la faveur et dans le cours des longues guerres que la Royauté eut à soutenir dans le nord de la France, et qui, bien entendu, y avaient singulièrement affaibli sa puissance et énervé son autorité.

Reportons-nous à l'édit de 1679 : lui aussi déclare que le Droit de Marché a pris corps pendant ces luttes désastreuses; mais quelles terres a-t-il envahi les premières? Sur ce point il ne s'explique pas. Cela est naturel, puisque ses rédacteurs ne l'ont encore rencontré que « sur la plus grande partie des biens et des fermes appartenant à *plusieurs particuliers bourgeois*. » De prime-abord, on s'imaginerait volontiers qu'il ne se serait développé et qu'il n'aurait gagné les biens des églises et des seigneurs que dans l'espace de quarante-cinq années qui séparent nos deux édits. Mais alors l'historique retracé par le législateur de 1724 deviendrait mensonger. Force est donc de penser que cette extension est plus apparente que réelle; si les faits, constatés par le préambule de l'édit de 1679, ne se présentent pas avec le caractère de généralité qui leur sera reconnu par la suite, c'est qu'à cette époque on ne s'était pas encore rendu un compte bien exact de la situation et qu'on avait pris garde uniquement aux premières manifestations d'un état de choses existant néanmoins depuis longtemps. Par conséquent, quoique le Droit de Marché ait pu continuer à se développer, même sous le règne de Louis XIV, chose qui n'est nullement certaine, il n'en faut pas moins admettre qu'avant 1679, c'est-à-dire aux temps où sévissaient les guerres, où les propriétaires effarés se tenaient timidement blottis dans l'enceinte des villes, il avait dû graduellement et successivement atteindre les biens des bourgeois, gens plus craintifs et plus faibles, puis ceux des églises, et enfin ceux des seigneurs. Voilà bien ce qu'il faut faire ressortir des explications données par le préambule de l'édit de 1724. Si les choses se pas-

serent ainsi, de nouveaux embarras surgissent et de nouvelles questions se posent : Pourquoi le Gouvernement n'en
était-il pas informé? Pourquoi ne constate-t-il les traces du
mal que sur les biens de *quelques particuliers bourgeois?*
Conçoit-on un législateur qui se sente dans la nécessité
de faire des édits, de bouleverser l'ordre des juridictions
et de prendre les dispositions les plus coërcitives sur les
plaintes de quelques intéressés et sans se livrer seulement à une enquête qui lui eût cependant révélé toute
la gravité de la situation? D'autre part, comment expliquer que les propriétaires ne se soient pas autrement
tourmentés des résistances de leurs fermiers sous les
gouvernements antérieurs et n'aient fait alors entendre
aucune plainte? Pourtant, bien avant que Louis XIV
montât sur le trône, les plaines fertiles de la Picardie
avaient cessé de demeurer incultes, si tant est qu'elles
le furent longtemps et sur une grande échelle, et cette
province était devenue l'un des greniers où s'alimentaient
les cités populeuses et industrielles des Flandres [1]; à
une époque où la Picardie pouvait ainsi exporter au loin
ses produits l'ordre et l'autorité avaient bien dû reprendre
un peu d'empire sur ses habitants, et les propriétaires,
même les plus timorés, n'avaient plus de motifs sérieux

---

(1) Ce fait est attesté par deux témoins oculaires, Machiavel et
l'historien Meyer. On lit, en effet, cette phrase dans les *Voyages* de
Machiavel : « Les Flamands ne recueillent pas assez de vivres chez
eux et principalement de blé, qu'ils tirent de la Picardie et des autres
provinces françaises. » — L'historien Meyer s'exprime dans le même
sens : « *Multis in locis, pascuis Flandria ac pratis quam arvo melior
est, quod fit ut peregrino necesse habeat uti frumento. Hoc vicinæ
gentes, Veromandui, Atrebates, Ambiani, Camaracensesque* AFFATIM
SUPPEDITANT, UBERTATE AGRI LONGE NOBIS FELICIORES. » — *Rer. Flandr.
Meyerus*, t. X, fᵒ 39, Bruges, 1531.

pour se tenir enfouis à toujours au fond de leurs retraites. Enfin pourquoi, en 1679, n'y a-t-il qu'un nombre restreint de bourgeois qui osent porter plainte, et pour quelle raison les seigneurs et les abbayes, dont la voix cependant doit être bien plus puissante, ne joignent-ils pas leurs doléances à celles de ces quelques particuliers? En vérité, tout cela est plein d'invraisemblance. Nous aurions pu croire aux déclarations vagues mais sobres de l'édit de 1679; il nous répugne d'ajouter foi à l'historique sensiblement brodé de fantaisie qui précède celui de 1724. L'explication qu'il veut donner de l'inaction des propriétaires et de leur tolérance forcée sent par trop la légende inventée après coup pour justifier les terribles mesures prises pour remédier au mal. Sans doute, les guerres dont la Picardie a été le théâtre pendant plus de cinq siècles, les invasions successives des Normands, des Anglais, des Bourguignons et des Impériaux qu'elle eut à subir ne furent pas sans y exercer une certaine influence sur la location des terres. Nous ne saurions le nier sans être contredit au moins par un texte formel. Un auteur de la fin du XVI° siècle, Papon [1], énumérant les formalités exigées pour le louage des biens ecclésiastiques, déclare, en effet, « qu'il a été souvent jugé que les baux à dix ans sont réputés aliénations, requérans les solennités susdites sinon ès pays limitrophes, comme en Picardie, où il est loisible de bailler jusques à 18 ans sans grande formalité pour considération des guerres. » Si les baux durent être faits pour un temps plus long, cette nécessité avait un motif : les fermiers eussent difficile-

---

(1) Papon, *Recueil d'arrêts notables.* Paris, 1607, liv. I, tit. XIII, n° 4. — Il faut rapprocher de ce passage un article de l'ancienne Coutume de Péronne que nous citerons plus loin.

ment accepté de courir les risques de la guerre s'ils n'a-
vaient eu l'espoir d'une longue jouissance. Mais peut-on
voir là une marque de la résistance qu'ils opposèrent au
renouvellement de leurs baux et de l'impuissance des
propriétaires à les y contraindre? En aucune façon; le
texte que nous avons cité laisse, au contraire, entendre
que de nouveaux actes pouvaient être passés à l'expiration
des baux à ferme et, de fait, ceux-ci étaient à cette époque
régulièrement renouvelés. On en trouve une preuve dans
les comptes, registres de baux et papiers divers provenant de la commanderie d'Eterpigny et conservés aux
Archives nationales [1]. Ces titres nous montrent, en
effet, que la commanderie n'éprouva aucune difficulté
du XVe au XVIIIe siècle à passer de nouveaux baux de
ses terres louées à temps et pour des termes de neuf ou
douze années et même au-dessous. Elle en percevait des
redevances qualifiées par le frère qui tient les comptes :
fermes muables, » expression qui fait bien supposer qu'à
côté d'elles il y avait aussi des *fermes non muables.*

Le témoignage des rédacteurs des édits ainsi discuté,
signalons deux autres faits dont le système ne rend pas
suffisamment raison :

1° Le premier est le triple appui prêté ouvertement ou
secrètement aux fermiers par les seigneurs, les justices
locales et les praticiens.

Nous nous étonnions plus haut que les seigneurs n'eussent pas jeté un cri d'alarme aux premières atteintes du
droit de marché; ils pouvaient et devaient même faire
davantage; investis du droit de justice, c'était pour beaucoup une obligation d'entraver les progrès de l'abus. Ils

---

[1] Arch., sect. hist. MM. 111 à 115; — Sect. adm. S., 5222-5223.

s'en abstinrent pourtant [1]. Le préambule de l'édit de 1724, cherchant à nous donner le motif de cette injustifiable inaction, nous dit « qu'ils ménageaient les frais de recherches et poursuites qu'ils savaient inutiles. » Cette explication n'est guère satisfaisante. Un mobile plus puissant que le devoir ou la crainte de faire des frais inutiles les poussait à agir ou, pour le moins, à parler : n'étaient-ils pas, en effet, pour la plupart propriétaires et, en cette qualité, à qui appartenait-il plus qu'à eux, s'ils se voyaient impuissants à étouffer l'abus et à l'anéantir, d'invoquer le secours de l'autorité souveraine ? Cependant, ils n'entreprirent jamais, ceux du moins qui appartenaient vraiment à la noblesse et à nos vieilles familles féodales, de combattre le droit de marché ; aujourd'hui encore, leurs descendants et leurs successeurs (il faut le dire à leur honneur), mus par une sorte de sentiment chevaleresque, le reconnaissent et le respectent comme un reste du passé.

Les justices royales ordinaires ne lui montrèrent pas plus d'hostilité que les justices seigneuriales. Une décision rendue par le bailliage de Montdidier en 1787 et rapportée par M. Lefort [2], nous fournit un exemple de la répugnance qu'elles avaient à appliquer les édits. Aussi, dès l'origine même de la lutte, dut-on se méfier d'elles et transférer la connaissance des procès à une juridiction extraordinaire, plus expéditive et surtout beaucoup moins

_____

(1) A Allaines, village du canton de Péronne, les *marchés du seigneur* valaient beaucoup plus cher que les autres marchés, même encore au commencement de ce siècle. La raison c'est qu'on trouvait que leur possession était mieux assurée. — Ce fait nous a été attesté par M. Faroux, médecin à Combles, originaire d'Allaines.

(2) Lefort, *op. cit.*, p. 32.

scrupuleuse, à la juridiction administrative des intendants. Enfin les notaires eux-mêmes mirent toujours et de bonne heure une extrême complaisance à passer tous les actes relatifs au Droit de Marché, et les peines et les amendes nombreuses édictées contre eux et sans cesse augmentées, ne réussirent jamais à les en détourner. Quel puissant et singulier motif portaient donc à la fois les seigneurs et les hommes de loi et de pratique, au mépris de leur devoir et de leur intérêt, à prendre parti pour les fermiers? Apparemment, et il est malaisé de donner une autre explication suffisante de leur connivence, c'est qu'ils voyaient, dans les réclamations des bourgeois, un oubli des traditions et une violation flagrante de l'équité.

2° Un second fait qui nous a toujours frappé et qui est constaté par l'auteur de la brochure anonyme citée plus haut, — cet auteur étant un ancien notaire et, par conséquent, en mesure d'être bien renseigné, — c'est l'inégale répartition de notre usage sur le sol même qui l'a vu naître. Il ne s'établit pas indistinctement dans toutes les paroisses et sur toutes les terres. Il est des villages qui n'ont jamais connu le Droit de Marché [1]. Dans une même paroisse, toutes les terres n'en furent pas atteintes; les terres de grande culture, les censes y échappèrent. Il existe, en Santerre, une distinction traditionnelle entre

---

(1) Voici un fait très-curieux qui nous a été rapporté par M. Faroux, médecin à Combles : « Le Droit de Marché n'a existé sur le terroir de Combles qu'à un endroit; or, cette plaine se rattachait précisément au domaine d'un village voisin, Maurepas, et appartenait au propriétaire de ce domaine entièrement grevé de Droit de Marché. » — Dira-t-on que les habitants de Combles, qui exploitaient cette plaine, avaient usurpé leurs droits de marché? — Il serait vraiment étrange, dans ce cas, qu'ils n'aient prétendu à une jouissance abusive que sur cette langue de terrain s'avançant sur leur terroir.

les *terres à marché* et les *terres libres*, c'est-à-dire celles qui ne sont pas grevées de ce droit et dont la jouissance peut passer en d'autres mains que celles du fermier, par la seule volonté du propriétaire à l'expiration des baux. Une terre libre ne devient pas une terre à marché par le fait seul qu'elle est louée, comme le dit à tort M. Lefort après MM. Troplong et Saudbreuil [1]. Sans doute, on a vu souvent et on voit encore des fermiers, après avoir pris à bail des terres libres, montrer peu d'empressement à déguerpir et se servir à l'encontre des propriétaires ou des nouveaux preneurs des procédés employés contre les *dépointeurs* d'un Droit de Marché; mais, qu'on le remarque bien, ils ne prétendent nullement avoir acquis un droit opposable au propriétaire, en vertu d'une concession obtenue de ce dernier, un droit ayant une valeur propre et qu'ils puissent, en conscience, négocier; ils se liguent et veulent rester dans leur tenure; ce n'est que du *mauvais gré* et le *mauvais gré*, quoi qu'on en ait dit, n'est pas le *Droit de Marché*.

Lorsqu'on réfléchit à tous les faits que nous venons de passer en revue, à cette lutte tardivement commencée par des bourgeois contre un droit existant depuis long-temps, à ce secret encouragement donné aux fermiers par le silence et la complaisance des seigneurs et des gens de justice, à cette absence caractéristique du Droit de Marché dans certains villages et sur certaines terres, invincible-ment l'on est amené à se demander s'ils n'ont pas leur raison d'être dans l'organisation foncière des temps anté-rieurs.

(1) Lefort, *op. cit.*, p. 37.

§ IV.

Véritable origine du Droit de Marché.

Notre conviction est que le Droit de Marché provient des tenures rustiques existant dans le Santerre au Moyen-âge. Les documents de nature à nous fournir des renseignements sur ce point sont malheureusement trop rares; le temps, les guerres de la Révolution ont détruit une foule de titres. Mais il en reste encore quelques-uns et la Bibliothèque Nationale nous a conservé notamment les précieux manuscrits de dom Grenier qui avait été chargé, au siècle dernier, de réunir les matériaux d'une histoire générale de la Picardie. Les chartes, extraites par ce savant bénédictin et ses laborieux collaborateurs, des archives des communautés religieuses, peuvent nous fournir quelques éclaircissements sur les amodiations de cette contrée spécialement à partir du XIIe siècle.

Les objets de tenures portent des noms divers : les principaux sont les manses, les hostises et les cultures (*mansi, hospites, culturæ*). Le *manse* est une sorte de ferme avec ses dépendances et ses terres. L'*hostise*, qui a moins d'importance, consiste en une habitation agricole ou ménagère; elle n'est généralement chargée que d'une redevance très-modique, ce qui la distingue encore du manse. Enfin la *culture* est un simple lot de terres labourables. On retrouverait encore aujourd'hui, sans difficulté, des vestiges de cette organisation primitive des paroisses.

Les contrats agraires peuvent être classés en deux catégories : les uns sont faits à charge d'une redevance fixe, les autres sous la réserve d'une quote-part dans les récoltes. Cette distinction, nous la trouvons dans une charte de 1157, laquelle parle de terres possédées « *censualiter sive ad garbam* » (Dom Grenier, t. CCLV, f° 237), c'est-à-dire sous la condition d'un cens ou d'un terrage; le mot *terragium* est celui qui sert le plus habituellement à désigner le droit à une portion des fruits. A part la différence résultant du caractère de la redevance, il est bien difficile de trouver à ces deux espèces de contrats d'autres traits distinctifs. La *concessio ad censum* n'est qu'un simple contrat foncier; comme dans un bail à ferme, la redevance à laquelle elle donne droit constitue l'équivalent du revenu de la terre, et le mot *census* semble employé plutôt pour exprimer l'idée d'une redevance fixe, en deniers ou en nature, que pour reconnaître au contrat qui la stipule un caractère particulier. Aussi les fermes importantes, qui pourtant n'étaient l'objet que de locations temporaires, mais sous la charge d'un loyer dont la quotité était déterminée à l'avance, s'appelaient-elles des *censes;* dans les textes, l'expression bailler à cense est synonyme de bailler à ferme (1).

Que la redevance soit un cens ou un terrage, ces conventions sont, avant tout, des contrats de culture, et l'on trouve communément, dans les actes mêmes où elles sont relatées, des termes destinés à préciser nettement ce caractère. En veut-on des exemples : un différend était survenu entre l'abbaye de Saint-Éloi de Noyon et les habitants de Jancourt qui en cultivaient les terres (*terras ecclesie nostre excolentes*); l'entente ne tarda pas à se faire et,

____

(1) Arch., sect., adm., S. 5222. Bail de la maison du Bois près Libermont, en Vermandois.

en 1180, l'abbé consigna dans une charte les conditions nouvelles qui, d'un commun accord, avaient été arrêtées. Il s'exprimait ainsi : « *Terras ecclesie nostre in prefato loco consistentes hominibus predictis sibique in posterum jure successuris sicut inferius annotabitur deinceps excolendas concessimus, Nicholao itaque quatuor portiones..., ad sextam garbam,* etc. » (D. Grenier, t. CCLVIII, f° 49). Une autre charte émanée de l'abbaye de Saint-Bertin (an. 1157) transmet en ces termes à l'église de Chauny la jouissance du bois de Caumont : « *In perpetuum totum nemus..... excolendum firma manu ad nomam garbam et decimam fructuum concessimus* » (D. Grenier, t. CCLV, f° 137). Dans un autre titre extrait des archives de Saint-Nicolas-des-Prés de Ribemont, on trouve une défense faite à certain Drogon de vendre, donner en gage, céder en jouissance, « *Vendere, in vadimonio ponere, et* AD EXCOLENDUM ALICUI CONCEDERE, » une terre appartenant à cette abbaye (*ibid.,* f° 237).

Ces expressions destinées à caractériser un certain genre de contrats, s'appliquent aussi bien à des concessions temporaires. Ainsi, le chapitre de Péronne possédait à Estrées-Deniécourt 58 journaux de terre cultivés depuis longtemps par Jean Cawace et David d'Estrées, et, avant eux, par leurs auteurs, *antecessores;* jusque-là les chanoines avaient avancé chaque année la moitié de la semence, et perçu en retour la moitié des fruits. En novembre 1187, ils essayèrent de modifier les conditions de la tenure et de transformer pour vingt-quatre ans cette sorte de métayage en un bail à ferme. Voici comment est conçu le titre qui rapporte cette convention : « *Eisdem atque eorum successoribus usque ad viginti quatuor annos excolenda (quinquaginta et octo jornalia) concessimus. Hoc pacto ipsi singulis annis sex modios avenæ, unum vascium, et duodecim modios frumenti pro singulis jornalibus persolvent.* » Ce temps expiré, en vertu de l'acte lui-même, l'amodiation primitive dut être remise en vigueur : « *Evolutis viginti quatuor annis sicut ante hanc concessionem ipsi terram illam excolent* » (D. Grenier, A. CC-CCI, f° 24).

Voilà quels étaient au XII⁰ siècle les différents contrats agraires en usage dans les pays de Droit de Marché. Reste à voir la nature du droit qu'ils transféraient aux laboureurs. Ce n'était pas un droit de propriété, car si ces concessions avaient impliqué une aliénation, comment les terres qui en faisaient l'objet auraient-elles pu, par exemple, être comptées, à bon droit, au nombre des possessions des abbayes qui s'en étaient dessaisies, et comment encore auraient-elles pu être assignées au paiement d'une rente ? Néanmoins, une bulle de 1155 confirme au chapitre de Saint-Léger de Péronne, le domaine d'une terre qu'il avait à Cléry et qu'il avait concédé à titre héréditaire, moyennant un cens annuel de sept muids de froment : « *Apud Clari terram quam habetis infra et extra villam quam prepositus domini ipsius ville hereditarie sic censualiter accepit ut septem modios frumenti ad sextarium curie domini Peronensis singulis annis persolvat et successores ipsius prepositi vobis faciant* » (D. Grenier, t. CCLVII, f° 51). Ailleurs, nous voyons un certain chevalier d'Eppeville donner à l'abbaye de Longpont une rente de trois muids de froment qu'il assigne pour assurer le paiement des arrérages sur neuf muiées de terre que Guillaume de Guizencourt cultive à titre héréditaire : « *Hos tres modios assignavit prenominatus Joannes super novem modiatas terre quas jure heredi-*

tario excolit Villermus de Guisencort » (Charte de 1212 rapportée dans la Chronique de l'abbaye de Longpont, p. 167). Les termes mêmes dont se sert l'abbé de Saint-Éloy de Noyon dans la charte relative à Jancourt que nous avons citée plus haut : « *Terras Ecclesie nostre,* » laissent également entendre que ces contrats ne transféraient pas la propriété. Ils la transféraient si peu, qu'un article de la première Coutume de Péronne, emprunté peut-être à un ancien coutumier local, car il est remarquable que la fameuse théorie du domaine utile et du domaine direct lui est étrangère, mais soigneusement écarté dans la seconde rédaction, renfermait la disposition suivante : « *Item* par ladicte coutume que baulx des fonds d'héritaiges et droits réelz faictz à perpétuité et pour toujours, soit à cens, surcens, rente, ou autre reddebvance prennent et sortissent nature d'héritaiges. Mais ceux qui sont faictz au temps limitté soit de vingt, quarante, soixante et au-dessoubs de cent ans, sont tenus et repputez mobiliaires et suivent la nature des mœubles [1] » (B. N. Mss. — Ancien Coutumier de la gouvernance de Péronne, fº 33. — Fonds Colbert, nº 5255). Il ressort clairement de ce texte que les baux perpétuels engendraient bien des droits immobiliers, des droits qui « sortissaient nature d'héritaiges, » mais n'emportaient pas aliénation des héritages eux-mêmes.

Ce n'était donc, en définitive, que des droits de jouissance. Pourtant ils avaient ceci de commun avec le droit de propriété, qu'ils étaient, pour la plupart, perpétuels et héréditaires. Les textes que nous avons rapportés en

---

(1) Cette disposition est extrêmement curieuse. — On sait, en effet, que les baux de plus de 9 ans étaient, en général, considérés dans l'ancien droit comme des baux à rente.

fournissent surabondamment la preuve, car les concessions qu'ils ont pour but de rappeler sont faites ordinairement *in perpetuum* et *jure hereditario*. A cela rien de surprenant : la perpétuité des tenures était presque une nécessité sociale; elle répondait si bien aux idées et aux besoins de l'époque, que l'on voit des paysans s'efforcer de maintenir quand même celles qui n'avaient qu'un caractère purement temporaire. Une charte provenant de l'abbaye du Mont-Saint-Quentin nous a conservé un exemple curieux d'une telle prétention. Cette communauté possédait à Fransart un alleu qu'elle avait reçu en don. Comme il n'avait pas assez d'importance pour qu'on pût y bâtir une *curia*, c'est-à-dire en faire le siège d'une seigneurie et le noyau d'un nouveau village, et, qu'il était trop éloigné de l'abbaye pour laisser à celle-ci la facilité de le mettre elle-même en rapport, force lui fut bien d'en confier la culture aux habitants de Fransart. Mais ceux-ci s'imaginèrent bientôt y avoir acquis un droit perpétuel et héréditaire; ce que voyant, l'abbaye livra son alleu à Vermond de Roye, en échange des deux parts de dîme qu'il possédait à Driencourt. C'est l'acte même de cet échange qui nous fait connaître les motifs qui l'occasionnèrent. « *Sed quia ibi non erat tantum terre quantum constructio unius curie requirebat nec ab ipsa Ecclesia coli poterat quia longe aberat ideo necesse fuit ut ville ejusdem hominibus ad exercendum atque* EXCOLENDUM TRIBUERETUR. *Illi ergo homines qui ad opus Ecclesie prædictam terram debebant excolere ita omnes fructus illius ceperant in usus suos absumere ac retinere ut ex ipsis redditibus vix inde aliquid ipsa Ecclesia posset habere;* INSUPER ETIAM LABOREM IPSIUS TERRE QUERULABANTUR SUUMQUE ESSE DICEBANT IN PERPETUUM HEREDI-

TARIO JURE » (D. Grenier, CCI, f° 126). Ce texte ne laissera pas d'embarrasser un peu ceux qui, à l'exemple de M. Saudbreuil (*Op. cit.*, p. 15), pensent que le Droit de Marché est le produit d'une usurpation et croient fermement à l'entière véracité du récit que les préambules font de sa genèse. Il leur apprendra qu'elles remontent assez haut dans l'histoire, les premières escarmouches de cette lutte acharnée où s'engagèrent par la suite les propriétaires et les tenanciers ; il leur révèlera surtout que déjà, en 1149, c'était sur une terre ecclésiastique et non sur un bien de bourgeoisie que le Droit de Marché, tel qu'ils le comprennent, cherchait à s'implanter. Pour nous, nous n'en tirerons qu'une conclusion : si les laboureurs de Fransart prétendaient à un tel droit, c'est que les tenures étaient alors en grande partie héréditaires et perpétuelles.

Mais la perpétuité et l'hérédite ne suffisent pas à elles seules pour caractériser ces droits de culture. Il faut encore savoir que l'aliénation en était permise et qu'à chaque transmission qui s'en faisait un certain tribut était payé au propriétaire. Le droit des tenanciers dérivait, avons-nous dit, de la convention ou de la coutume. Nous n'avons considéré jusqu'ici que des tenures se rattachant à un contrat particulièr dont nous retrouvions les termes ; mais il y en avait d'autres que la coutume seule, le *jus curiæ,* régissait [1] ; c'étaient, sans contredit, de beaucoup les plus nombreuses et les plus anciennes ; les plus anciennes, car elles remontaient, pour la plupart, à la

---

(1) Ce *jus curiæ* se rattachait, lui aussi, du reste, à une convention expresse ou tacite, intervenue entre le fondateur ecclésiastique ou laïque d'un village et les colons serfs ou libres qu'il était parvenu à grouper autour de lui pour défricher et cultiver les terres de sa seigneurie.

naissance même des villages; les plus nombreuses, car
elles portaient sur les domaines et les fiefs importants où
avait pu se créer une seigneurie, où s'était élevé un ma-
noir, un monastère autour duquel étaient venus se grouper des colons libres ou serfs, *hospites* (1) *vel servientes*,
ne constituant plus guère, à l'époque où nous nous pla-
çons, qu'une seule classe de laboureurs, grâce aux
nombreux affranchissements dont le signal partit de notre
contrée même. Ces tenures se transmettant par voie héréditaire, cela va de soi, mais il y a plus : elles étaient
également susceptibles d'un transfert entre-vifs à titre
onéreux ou gratuit. Nous en trouvons une preuve incontestable dans une charte que Dom Grenier a empruntée
aux archives de l'abbaye du Mont-Saint-Quentin. Un conflit s'étant élevé relativement à la terre du bois de Celle
entre cette communauté et Adam de Manencourt, on
essaya d'y mettre fin et de s'entendre. Il fut, en conséquence, décidé qu'Adam prendrait le tiers de ce domaine,
et que les deux autres parties resteraient à l'abbaye.
Pour bien préciser ses droits et en assurer le maintien,
l'abbé les relata dans un titre qu'il fit confirmer en 1189
par Philippe, comte de Flandre et de Vermandois. Voici
en quels termes il se les réservait : « *Adam ergo in ne-
more tertiam partem sibi retinuit extra quam Ecclesia*

___

(1) L'*hospes* est l'homme libre qui vient du dehors demander à un
seigneur une habitation et du travail. Une charte de l'évêque de
Noyon relative à Ercheu, dont le domaine lui appartenait, révèle bien
la signification de ce terme. Pour augmenter le nombre des habitants de ce village, il offre de grands avantages à quiconque veut y
venir, et il s'exprime ainsi : « *Statuimus ut hospites quicumque in
terra manserint singuli singulas mansuras habeant viginti quinque
virgarum et quinque solidos parisienses solvet nobis* (D. Grenier,
CCV, fo 167.

pro pace firmanda ex duabus partibus suis ad mensuram Peronensem XXII sextariatas terre ei concessit. In terra ejusdem nemoris que antiquitus sartata est Ecclesia duas partes terragiorum, Adam vero tertiam habebit. Quicquid autem in tota terra predicta homines vel hereditarii servientes vel hospites ecclesie in tempore facte concordie tenuerunt hoc ad districtum ejusdem ecclesie in perpetuum pertinebit. Si vero aliquis hominum vel servientium vel hospitum aliquid de terra illa extraneis vel etiam hominibus ipsius Adam DEDERIT VEL VENDIDERIT VEL ALIQUO ALIO MODO IN ALTERIUS POTESTATEM MISERIT, *ob hoc Ecclesia in terra illa districtum suum non minus obtinebit. Extranei autem vel qui homines Ecclesie non erunt, residuas partes tenentes Ecclesie* INTROITUS ET EXITUS ET TERRAGIUM REDDENT : *Et si ea non bene reddiderint Ecclesia in ipsa terra carrucas absque licentia Adam et ipso nesciente accipiet et justitiam faciet* (1) » (D. Grenier, CCLVIII, f° 164).

Il résulte de ce texte : 1° qu'un tenancier pouvait transférer à autrui son droit par donation, vente, échange, etc.; 2° qu'en dehors de la redevance annuelle, l'abbaye percevait à chaque transmission un certain droit appelé ici

---

(1) Ce « *nemus de Cella* » n'est autre que le village de *Sailly-Saillisel*. Les religieux du Mont-Saint-Quentin, dit M. l'abbé de Gagny, y fondèrent primitivement une « *celle* » ou petit établissement pour le défrichement et l'exploitation des bois que Robert de Péronne leur avait donnés dans ce pays. Cette donation se trouve confirmée dans des bulles de 1044 et 1106 rapportées par cet historien. Le village y est dénommé : « *Salicellus cum Silva.* » Abbé de Gagny, *op. cit.*, t. I, p. 156 157; t. II, p. 107.

Le Droit de Marché existe encore à Sailly et dans toutes les localités environnantes.

Le titre que nous rapportons ici et l'existence incontestée du Droit de Marché dans ce village, depuis un temps immémorial, confirment pleinement nos idées sur l'origine de cette tenure.

introitus et exitus (V. encore une charte de 1231 relatant le droit rural de Pargny, de Grenier, t. CCXIV, f°s 24 et suiv.). Ce droit *d'entrée et d'issue* nous le retrouvons plus tard dans la première Coutume de Péronne, celle qui fut rédigée en 1507 (*Coutumier de Richebourg*, t. II, p. 602) : « En aucunes seigneuries, dit-elle, les seigneurs ont accoustumé èsdites censives prendre quand on les vend, donne ou transporte à autruy par don d'entre-vis ou par testament le treizième denier de la valeur des dites censives et autres lieux le tiers denier par succession; autrement un ou deux septiers de vin *d'issue et autant d'entrée* avec les droits des officiers pour en bailler la tenance par dessaisine et saisine. »

Sans doute, il n'est ici question que de censives, mais il ne faut pas oublier que le bail à cens n'était, en général, dans les provinces du Nord, qu'un simple contrat foncier, que dans la Picardie, en particulier, il se confondait originairement avec le bail à ferme, car nous avons vu qu'il était impossible de les distinguer et de les reconnaître dans les tenures du XIIe siècle, et qu'enfin, à l'époque où fut rédigée cette coutume, on les mettait encore sur la même ligne, au point de vue du droit transféré au tenancier. Il est donc juste et logique que tous deux aient conservé les caractères de ces concessions primitives d'où ils sont issus; aussi, les droits qui en découlent sont-ils restés transmissibles; aussi, à chaque transfert est-il perçu une redevance spéciale qui, par son nom même, indique bien qu'elle descend en ligne directe du *jus introitus et exitus :* c'est le droit *d'entrée et d'issue,* c'est l'*intrade. L'intrade* a fait plus qu'en garder la dénomination; elle ne s'est pas abâtardie; elle est restée de nos jours ce qu'elle était auparavant; le paiement en est dû toujours dans les mêmes circonstances, c'est-à-dire chaque fois qu'un Droit de Marché est l'objet d'une transmission quelconque, sauf pourtant dans le cas d'une succession en ligne directe ou d'un avancement d'hoirie fait à des descendants. Cette exception même n'est-elle pas caractéristique? Ne révèle-t-elle pas suffisamment, à elle seule, combien manque de fondement la supposition à laquelle M. Saudbreuil a recours pour donner raison de l'existence de l'*intrade?* Celle-ci ne fut, à son avis, qu'un expédient imaginé par les propriétaires pour arriver indirectement à l'augmentation des fermages (*op. cit.,* p. 17). Si telle est la vérité, par quel singulier oubli ont-ils omis de l'exiger dans le cas qui donne le plus habituellement lieu à une transmission? Autre remarque : il est d'usage, au renouvellement des baux, de payer un certain droit aux propriétaires. Or, jamais ce droit n'a été confondu avec l'*intrade;* la quotité en est différente et le nom spécial : on l'appelle *pot-de-vin* (1). Laisser s'établir une distinction entre deux droits créés dans le même but, ne pas dénaturer l'un au moyen de l'autre, n'était-ce pas, de la part des propriétaires, manquer d'habileté et de clairvoyance? N'était-ce pas sûrement compromettre l'efficacité de leurs réclamations et le succès de la lutte sans merci engagée sur leurs plaintes par le gouvernement? Sous l'aspect qu'elle a conservé, l'*intrade* présente une analogie frappante avec les profits dus pour le transfert des diverses tenures qui existaient alors; elle donne, par là même, au *Droit de Marché,* une allure franchement juridique, et

____

(1) Le *pot-de-vin* est ordinairement d'une *année de fermage.* Le taux de l'*intrade* varie suivant les lieux. Il s'élève quelquefois à 160 francs l'hectare; dans certaines localités il est de beaucoup inférieur à ce chiffre.

devient ainsi une preuve certaine, incontestable, de son ancienneté et de sa légitimité.

En résumé, nous avons démontré qu'il existait dans les pays de *Droit de Marché*, au XIIe siècle, avant les longues guerres dont ils eurent à essuyer tous les ravages et toutes les calamités, des droits de culture perpétuels, pouvant faire l'objet de transmissions à cause de mort ou entre-vifs, à titre onéreux ou gratuit et donnant lieu à chaque transfert à la perception d'une certaine redevance au profit de celui qui les avait concédés ou de ses successeurs. Nous avons de la sorte, ce nous semble, établi la filiation du *Droit de Marché,* car, présentant tous les caractères de ces droits, c'est à eux évidemment qu'il faut le rattacher. Mais ces droits de culture eux-mêmes peuvent être définis d'une manière plus précise, au point de vue juridique. Les concessions, *concessiones ad excolendum,* d'où ils dérivaient, faites moyennant une redevance fixe et à perpétuité, étaient évidemment des *baux à ferme héréditaires.* La preuve en ressort clairement des textes que nous avons rapportés plus haut. En dernière analyse, notre conclusion est donc celle-ci : « Le Droit de Marché n'était pas autre chose, à son origine, qu'un « *bail héréditaire.* » Cela n'a rien qui doive nous surprendre. Ce genre d'amodiation a été jadis plus répandu qu'on ne le croit, tant et si bien qu'on le retrouve encore aujourd'hui à tous les coins de l'Europe. Le bail héréditaire ! mais c'est l'*aforamento* du Portugal, le *beklemreght* de Hollande, le *contratto di livello* d'Italie, la *quevaise* de Bretagne, l'*erbpacht* d'Alsace ! On le retrouve encore en Allemagne et dans les îles anglo-normandes. Partout, sauf quelques variétés de détail, il a les mêmes caractères. L'*aforamento* et le *beklemreght,* par exemple, confèrent tous deux un droit de détention perpétuelle moyennant une redevance fixe; ce droit est transmissible, entre-vifs ou à cause de mort, à titre onéreux ou gratuit, et, à chaque transmission, il est perçu une certaine taxe portant différents noms. En Portugal, on nomme cette taxe *luctuosa* lorsque le transfert a lieu à la suite d'un décès, *laudemium* en cas de vente. La dernière dénomination montre que tous ces baux héréditaires ont pour type l'emphytéose romaine. L'*aforamento* et le *beklemreght* ont encore la même origine : ce sont des moines qui les ont établis. Nouveau trait de ressemblance avec le Droit de Marché! Les *droits de marché* doivent certainement leur origine aux moines qui ont défriché la Picardie. Nous en avons fourni la preuve pour Sailly.

M. de Laveleye devinait donc juste lorsque, dans son ouvrage sur « *Les formes primitives de la propriété,* » il écrivait ceci : « Pour que le *beklemreght* et l'*aforamento* présentent aujourd'hui des caractères identiques aux deux extrémités de l'Europe, il faut que ce contrat (bail héréditaire) ait été autrefois en usage dans les régions intermédiaires [1]. » — Effectivement, le *Droit de Marché* est une autre variété du bail héréditaire.

§ V.

Origine de l'expression « Droit de Marché. »

Le nom du *Droit de Marché* ne doit pas nous surprendre. Chaque province, chaque contrée avait, dans l'ancien droit, nous venons de le voir, un terme propre pour désigner une convention se retrouvant sous un

[1] De Laveleye, *De la propriété,* chap. xvii, p. 253.

autre nom dans un pays voisin. Les habitants du Santerre ont appelé *Droit de Marché* le droit qui leur avait
été conféré par des contrats de location perpétuelle. Il
est facile de trouver le motif de cette qualification : le
mot *marché* ne répond pas uniquement à l'idée de convention dans le langage picard. Il est encore employé,
ainsi qu'on l'a fort justement fait remarquer (G... G...,
Lefort, p. 14), comme synonyme de « *lot de terres.* »
C'est avec ce sens qu'on le trouve au xvi⁰ siècle dans
les comptes de la commanderie d'Éterpigny [1]. Il y a
sur les terroirs de beaucoup de villages des plaines, des
champs qu'on appelle *marchés* ou *marcais*. Ces déno-
minations datent de loin. On les rencontre dans de très-
anciennes chartes. A Martinsart il y avait un fief de 83
journaux qui se nommait le *Marché Dézaleux* [2]. En
1300, une chapelle est fondée à Boucly par le seigneur
qui donne, pour l'entretien, des terres situées en divers
endroits du terroir et notamment en un un lieu appelé
de ce nom significatif : « *le courelet (curtis) marcais à
Deneer* [3]. » On voit également à Fonchettes, en 1166,
un lieu qualifié « *marcais* [4]. »

Nous pourrions multiplier ces citations, mais n'en
est-ce pas assez pour montrer d'où provient cette signification particulière du mot *marché*. Il est clair que cette
expression est la traduction et la reproduction dans l'i-
diome picard du mot bas-latin *marcha* qui a servi à
désigner non-seulement une terre indivise et une limite,

---

(1) Arch. M.M. — 113. — Comptes de 1518, f⁰ˢ 74, 105, 106,
122, etc.

(2) Cart. d'Ancre, cité par M. l'abbé de Gagny, *op. cit.*, t. I, p. 409.

(3) *Id.*, t. II, p. 774.

(4) De Grenier, t. CCLVII, f⁰ 169.

mais encore l'état, le territoire, la propriété limités :
« *Marcha videtur etiam sumi interdùm pro modo agri
vel certe pro territorio* » (Ducange, V° *Marcha*, 4°). On
s'explique ainsi comment et pourquoi les habitants du
Santerre ont été amenés à donner au droit qui leur
avait été concédé sur leur *lot de terres* le nom de « *droit
de marché.* »

L'origine du nom détermine ainsi nettement l'objet du
droit : c'est un fonds de terre ; ce peut être tout au plus
une ferme avec ses dépendances, mais ce ne saurait être
un emploi de valet de charrue, de batteur en grange, ni
de berger, etc. (V. Lefort, *op. cit.*, p. 27). L'amour de la
stabilité, puissamment secondé par l'esprit de solidarité
que les nécessités de la lutte avaient créé, donna naissance à bien des prétentions injustes. On vit des ouvriers
essayer de s'éterniser dans leurs places ; peut-être aussi
des fermiers temporaires tentèrent-ils de rendre leurs
tenures perpétuelles, en refusant de vider les lieux à l'expiration de leurs baux. Il y eut, en un mot, du *mauvais
gré*. L'entente des paysans, l'étroite solidarité qui les
unissait ont pu rendre tous ces abus nombreux et criants.
Qu'importe? Nous n'avons pas à nous en préoccuper ici.
Le droit de marché en fut probablement la cause indi-
recte, mais ce qui nous paraît à présent hors de doute et
ce que nous avons cherché à établir, c'est qu'il n'est pas
lui-même sorti de ces abus, qu'il a un fondement légitime, et qu'il repose sur des concessions et non sur une
usurpation.

Nos adversaires présentent le Droit de Marché comme
un usage singulier. A nos yeux, ce qui constitue plutôt
une anomalie, ce n'est pas l'existence de ce droit, mais
bien la forme même des concessions de jouissance et des

amodiations qui, d'après leur système, auraient été faites en Santerre. Il n'y aurait eu, à l'origine, que des baux temporaires, et pourtant l'histoire nous montre que, là comme ailleurs, les contrats de culture engendraient, en général, des droits perpétuels de jouissance. On dit que les longues guerres ont été un obstacle au renouvellement des baux. Ne ferait-on pas mieux de nous expliquer comment tous ces baux temporaires avaient pu se substituer aux baux perpétuels? Il ne faut pas se le dissimuler, tandis que dans les autres contrées les tenanciers arrivèrent graduellement à la pleine propriété de leurs terres (Garsonnet, *op. cit.,* p. 280), dans le Santerre, ils ne sont restés que de simples fermiers, et les lois de la Révolution n'ont rien ajouté à leurs droits. Ce n'est pas que nous osions prétendre qu'il n'y eut point, en Santerre, des baux à ferme temporaires. Il s'en fit évidemment et cela se comprend : toutes les paroisses ne se sont pas formées, tous les domaines ne se sont pas concédés, toutes les terres n'ont pas été livrées à la culture de la même manière, ni à la même époque, ni par les mêmes personnes. Mais ce qui nous étonne, c'est de voir que dans des villages [1] fondés depuis longtemps, où des tenanciers avaient obtenu des concessions avant le XIIᵉ siècle, c'est-à-dire à une époque où elles étaient le plus ordinairement faites à titre perpétuel et héréditaire, où il y eut même des te-

___

[1] Nous citerons notamment Bussu, village situé sous les murs de Péronne; les 4/5ᵉˢ de son terroir appartiennent à des propriétaires étrangers à la commune et font l'objet de locations temporaires. Le domaine en embrasse à lui seul les 3/4; il a toujours été possédé par des seigneurs laïques et se trouve grevé d'un Droit de Marché. Il n'y a aucun souvenir dans le pays d'une lutte entre les propriétaires et les fermiers relativement à l'existence de ce droit.

nures serviles [1] et l'on sait que celles-ci, en se transformant par l'affranchissement des tenanciers, continuèrent à rester immuables, la plus grande partie des terres étaient soumises, en 1789, au régime des baux temporaires, comme elles le sont encore aujourd'hui, et qu'à cette date mémorable le domaine ne s'y est pas trouvé divisé ni éparpillé entre les mains des familles qui le cultivaient depuis des siècles. Chose aussi remarquable ! c'est précisément là que le Droit de Marché est le plus vivace. En vérité, si les laboureurs n'obtinrent jamais dans ces villages que des concessions temporaires, le fait nous paraît étrange. Mais s'ils en ont obtenu de perpétuelles, et nous avons démontré qu'ils en avaient obtenu, que sont-elles devenues?

§ VI.

Transformation et caractère actuel du Droit de Marché.

Voici comment nous· nous expliquons sa transformation :

Nous avons déjà signalé un fait qu'il importe de ne pas perdre de vue, si l'on veut se rendre bien compte des causes qui purent occasionner une telle modification : c'est le peu d'influence exercé et la faible empreinte laissée par l'idée féodale sur les concessions foncières et les tenures primitives du Santerre. Impossible d'y retrouver les éléments qui caractérisaient le bail à cens

---

(1) Ainsi, en 1059, Herbert IV, comte de Vermandois, laisse par son testament, aux chanoines de Péronne, quatre métairies avec leurs serfs à Bussu, village dont nous avons parlé plus haut, et à Tincourt : « *Apud Busuos et Terincortem mansiones quatuor cum mancipiis* » (*État de Cambrai*, t. II, p. 50).

d'après les jurisconsultes du XVIIe et du XVIIIe siècles. La redevance n'était ni modique, ni simplement récognitive de seigneurie, mais constituait l'équivalent du revenu de la terre ; en d'autres termes, le bail à cens n'était uniquement qu'un contrat foncier. Entre le bail à cens et le bail à ferme, il n'y avait donc aucune différence essentielle. Aussi ne les saurait-on distinguer dans les termes vagues des concessions obtenues par les paysans au XIIe et au XIIIe siècles. Le *cens* est un fermage et la *cense* une ferme. Il y a plus : l'objet de la tenure échangea, par la suite, son nom de *manse* contre celui de *ferme*. Un auteur du dernier siècle faisant l'histoire du Père Longueval, dont le nom véritable était Le Maire, écrivait : « Le Maire, né à Fouquiécourt de parents qui tiennent **une ferme** de l'abbaye de Corbie **depuis 400 ans.** » La confusion dans les termes devait amener aisément pareille confusion dans les idées. En présence des *fermes non muables,* de ces redevances dues pour des concessions accordées à titre perpétuel et héréditaire, il y avait des *fermes muables,* des redevances dues pour des baux temporaires. La fertilité du sol, la facilité des débouchés, l'accroissement rapide des villages et du nombre de leurs habitants, leur condition plus libre, car le joug de la féodalité pesa encore moins sur les personnes que sur les terres, et l'on sait que c'est de cette contrée que partit le signal de l'émancipation et des affranchissements comme des révoltes des paysans, tout cela avait rendu possible d'assez bonne heure la pratique des baux temporaires. A l'époque des guerres dont parlent les édits, les terres se trouvaient donc soumises au régime des baux perpétuels et héréditaires d'une part, et au régime des baux temporaires de l'autre. Entre ces baux la différence, grâce au malheur des temps, ne porta longtemps sans doute que sur la durée; plus tard, le chiffre de la redevance fit naître un autre signe distinctif. Pour des causes diverses, les ravages des guerres, les subsides à fournir, etc., les abbayes et les seigneurs ruinés avaient été contraints d'aliéner leurs possessions; les bourgeois ou les nobles d'aventure [1] qui les avaient acquises, comprirent peu la raison de cette différence entre les redevances. Aussi tout naturellement durent-ils être portés à vouloir hausser la rente des baux perpétuels et l'élever au taux atteint par les fermages des baux temporaires.

Les tenanciers résistèrent et firent valoir, à l'encontre, le droit spécial qu'ils avaient sur leurs *marchés* [2], droit dont leurs auteurs avaient été investis, en vertu de concessions faites à titre perpétuel et héréditaire. On eut recours aux justices locales, mais les seigneurs se pro-

[1] Ce qui nous porte à faire cette conjecture et à accuser les bourgeois, c'est non-seulement la déclaration des édits que nous avons relevée et signalée plus haut, mais encore ce fait très-curieux que presque partout où il y avait de grands domaines, appartenant à des seigneurs ou à des abbayes, le Droit de Marché a toujours été maintenu et respecté par les propriétaires eux-mêmes. Ainsi, dans le canton de Combles qui, se trouvant sur la rive droite de la Somme, ne fait pas partie du Santerre, et où les villages ont été défrichés par des moines, les domaines relevaient en grande partie des abbayes et de quelques seigneurs laïques. Or là, sauf sur un point, pas de trace de lutte. Dans le Santerre, au contraire, la propriété se divisa de bonne heure et les bourgeois y acquirent d'assez nombreuses possessions. Le Santerre devint le théâtre et le foyer de luttes agraires interminables et sanglantes. Aussi les Santerriens ont-ils un très-mauvais renom chez les populations plus calmes du canton de Combles.

[2] C'est probablement à cette époque qui est née l'expression : « Droit de Marché. »

noncèrent avec raison contre les bourgeois. Ceux-ci étaient gens tenaces et peut-être aussi parfois peu délicats [1]; ils allèrent jusqu'au roi. L'autorité crut devoir intervenir en leur faveur. De là toute la législation des édits. Elle commença d'abord par appuyer les demandes des plaignants; elle alla ensuite bien plus loin : elle força tout *fermier ou censier,* c'est-à-dire tout tenancier, qui n'avait pas de bail, à en passer un , malgré l'entente contraire qui avait pu intervenir entre son propriétaire et lui [2]. On voit ce qu'il en résulta : c'est qu'il 'ne fut plus tenu aucun compte des concessions originairement faites à titre perpétuel et héréditaire, c'est que tous les baux perpétuels furent ainsi convertis par la force des choses en baux temporaires. Une autre conséquence fut que le Droit de Marché, là où les propriétaires le respectèrent, se dénatura. Il ne fut plus un droit perpétuel de jouissance; il devint désormais un droit aux baux successifs d'une terre. La législation du Code civil acheva et comsomma l'œuvre commencée par les édits. Voilà comment le Droit de Marché revêtit ce caractère si singulier qui nous étonne tant et pourquoi il n'est plus de nos jours, en réalité, qu'*un droit aux baux successifs ,* ou, comme l'on dit quelquefois, *une créance de jouissance fermière.*

C'est bien, en effet, sous cet aspect qu'il nous apparaît dans les baux authentiques ou sous-seing privé qui le re-

---

(1) Les bourgeois ne furent pas toujours tourmentés de scrupule. Voici un fait qui en témoigne : au lendemain de la Révolution, les terres provenant des abbayes subirent une très-forte dépréciation par suite de la répugnance qu'éprouvaient les gens des campagnes à les acheter; elles auraient même à ce taux trouvé difficilement des acquéreurs si les bourgeois ne se fussent empressés de profiter de cette bonne aubaine et de s'enrichir avec la *bande noire.*

(2) V. arrêts de 1707 et 1714 cités par M. Lefort, pag. 20.

connaissent ou l'établissent aujourd'hui. On en jugera par les quelques extraits d'actes que nous reproduisons ci-après et dont nous devons la communication à l'obligeance de M. Louis Cadot, avocat, ancien député de Péronne, et à M. Fernand Tardieu, principal clerc de Me Cousin, notaire à Péronne [1]:

1°. **Extrait d'un bail** *sur Bouchavesnes,*
du 5 février 1848 :

..... Avant de terminer, il a été convenu entre les parties comme condition de rigueur étroite et absolue, qu'au cas de refus par les premiers comparants de continuer à M. et Mme ...... à l'expiration du présent bail, la location des terres ci-dessus au taux de fermage et autres conditions sus fixés, et pour le terme de quinze années, lesd. premiers comparants seront alors tenus, pour chacun en ce qui le concerne, de payer aux seconds dénommés à titre d'indemnité de *droit de jouissance fermière ou droit de marché*, une somme de 200 francs par chaque quantité de quarante ares quatre-vingt-dix-neuf centiares de terrain non conservée par ces derniers.

2°. **Extrait d'un bail** *sur Monchy-Lagache,*
du 15 février 1873 :

..... Il est convenu entre les parties comme condition expresse qu'à l'expiration du présent bail pour quelque cause qu'elle arrive ou de ceux subséquents, la bailleresse ou ses successeurs pourront reprendre la libre culture de leurs terres ou les affermer à d'autres en payant aux preneurs à titre d'*in-*

---

[1] Nous sommes heureux de pouvoir leur en exprimer ici toute notre reconnaissance.

demnité de droit de marché, une somme de quatre cents francs par chaque quantité de 26 ares 68 centiares de terre affermée, sauf bien entendu compensation jusqu'à due concurrence avec tout ce qui pourra être dû à Mme ..... par les fermiers. Le refus des preneurs de continuer leur location aux conditions du bail expiré ou annulé pour cause d'inexécution des conditions les privera seul de leur droit à ladite indemnité de 400 francs par 26 ares 68 centiares de terre louée.

3°.   **Extrait d'un bail** *sur Cartigny,*
du 5 *juillet* 1879 :

..... Enfin il est convenu, comme condition essentielle des présentes, qu'à la fin du présent bail, M. ...... ou ses successeurs pourront reprendre la libre culture de ladite terre ou l'affermer à d'autres en payant au preneur à titre d'*indemnité de droit de marché*, une somme de six cents francs.

Le refus du preneur de continuer sa location aux conditions du bail expiré ou annulé pour cause d'inexécution des conventions, le privera seul de son droit à lad. indemnité de six cents francs.

———

4°.   **Extrait d'un bail** *sur Doingt,*
du 30 *janvier* 1864 :

..... Il est expressément convenu :

1° ....

2° Que M. ..... pourra à la fin du présent bail faire telles conventions qu'il jugera convenables au sujet du renouvellement dud. bail; mais que s'il exigeait une augmentation de fermage à laquelle M. ..... ne voudrait pas consentir, et reprenait tout ou partie de la pièce affermée à ce dernier, il serait obligé de lui payer à titre d'*indemnité ou de droit de marché* avant de se mettre en jouissance, une somme de 100 francs par chaque quantité de 41 ares de terre affermée, et qu'en cas de résiliation du bail faute de paiement ou d'abandon desd. terres sans qu'il ait été exigé d'augmentation de fermage, M...... ne serait tenu à aucune indemnité.

Voici maintenant la formule d'un bail fait sous-seing privé portant établissement d'un Droit de Marché :

« **Reçu** de M... à ...... la somme de ...... pour *droit d'intrade ou de marché* de la pièce du bois Basset défriché terroir de Doingt, avéc promesse de bail expirant le 1ᵉʳ octobre 1884,

Laquelle somme serait remise, en cas de reprise de ladite pièce des mains du sieur ..... lui-même ou d'abandon par lui par suite d'exigence d'augmentation de fermage, mais dans les deux cas seulement; une rétrocession à un tiers éteignant tout droit à réclamation.

Péronne, le .... 1869. »

Cette formule nous a été communiquée par M. Blondeau [1], l'un des propriétaires qui ont le mieux apprécié les avantages du Droit de Marché. M. Blondeau est un propriétaire au vrai sens du mot; toujours en relation directe avec ses fermiers, il s'est parfaitement rendu compte des excellents résultats que le Droit de Marché

---

[1] Nous nous faisons un devoir de le remercier ici, non-seulement de cette bienveillante communication, mais encore de tous les renseignements qu'il a eu la bonté de nous fournir. — M. Blondeau a été, en sa qualité d'administrateur des biens de l'hospice de Péronne, mêlé au fameux épisode de Bouvincourt, raconté par MM. Saudbreuil et Lefort. Les habitants de ce village l'ont pendu en effigie ainsi que le Président du Tribunal et plusieurs autres personnes. Nul doute qu'il n'eût triomphé de leur résistance inconsidérée par la patience et la persuasion, si l'autorité n'était intervenue d'un façon brusque et maladroite.

pouvait produire, au point de vue économique. Aussi n'a-t-il pas hésité à l'établir sur celles de ses propriétés qui n'en étaient pas grevées. La formule dont il s'est servi nous montre qu'il n'a gardé du Droit de Marché que les avantages; il ne stipule, en effet, ni pot-de-vin ni intrade, charges trop onéreuses pour le fermier. M. Blondeau n'est pas le seul propriétaire qui ait, à notre époque, établi des droits de marché. Parmi ceux qui ont suivi son exemple, nous citerons, à cause de la situation qu'il a occupé dans la contrée, M. Tattegrain, ancien président du Tribunal civil de Péronne.

C'est surtout par des *achats au taux du revenu,* que de nouveaux droits de marché ont été créés. Certains capitalistes avaient l'habitude dans la première moitié de ce siècle de ne donner, comme prix des terres qui leur étaient offertes par des cultivateurs obérés, que la somme nécessaire pour produire à 5 0/0 un intérêt égal au fermage. La différence entre le prix réel des terres et le prix d'achat, représentait la valeur d'un droit de marché stipulé au profit du vendeur, devenu fermier. A cette convention, chacun trouvait son profit; le capitaliste faisait une excellente acquisition, et le vendeur gardait l'espoir de rester indéfiniment sur les terres qui avaient formé son patrimoine, et, peut-être aussi, celui de ses ancêtres.

Le Droit de Marché ne fait pas toujours l'objet d'une reconnaissance expresse dans les baux. Depuis les édits de l'ancien régime, on a toujours craint d'y faire allusion dans les actes notariés. Il résulte alors, soit d'un accord verbal, soit d'un accord tacite intervenu entre les propriétaires et les fermiers. Les quittances, délivrées au moment de la perception de l'intrade, fournissent la preuve la plus certaine de cette convention verbale ou tacite. On se prévaudrait en vain du silence des baux; il n'est nullement nécessaire que les baux en fassent mention puisqu'elle existe indépendamment d'eux, qu'elle a un objet distinct et qu'elle poursuit un but différent. Elle a pour objet unique de concéder au fermier un *droit au renouvellement des baux.*

Tel qu'il se conçoit aujourd'hui, le Droit de Marché peut vivre et s'établir sous l'empire des lois en vigueur. Quel texte, en effet, y mettrait obstacle? L'article 543 du Code civil, qui limite le nombre des droits réels? — Mais le Droit de Marché n'est plus qu'un simple droit de créance. — Les anciens édits? — Mais sa transformation leur a enlevé toute raison d'être, et elle a rendu leur application désormais inutile et impossible. — La loi qui défend de faire des baux et, par conséquent, des promesses de baux pour plus de quatre-vingt-dix-neuf ans? — Mais nous ne sommes pas en présence d'une promesse de bail; le propriétaire prend simplement l'engagement de renouveler les baux à leur échéance, sans déterminer les clauses du contrat futur. Cette promesse, d'ailleurs, n'est pas synallagmatique, puisque le propriétaire seul est obligé.

En dernière analyse, un propriétaire peut encore aujourd'hui conférer un droit de marché ou se reconnaître lié par un droit de marché parce qu'il ne crée pas, par cette convention, un droit réel sur sa chose, mais parce qu'il constitue simplement sur sa tête une obligation. Le droit n'est plus qu'une modification du bail à ferme, une créance qui vient s'ajouter à la créance ordinaire du preneur.

Nous avons ainsi successivement établi comment était né le Droit de Marché, quel avait été son caractère

primitif, quel peut être son objet, par suite de quels
événements et comment sa nature s'est trouvée transformée, et enfin ce qu'il est devenu sous l'empire de la
législation moderne.

Nous pouvons donc à présent examiner brièvement
quelle est, à l'heure actuelle, la condition juridique et
économique du preneur à marché.

CHAPITRE II.

Condition du preneur sous l'empire
du Droit de Marché.

---

§ I.

Condition juridique du preneur à marché.

Le titulaire d'un droit de marché est un fermier. Il en
résulte qu'il acquiert les mêmes droits et qu'il est soumis
aux mêmes obligations qu'un preneur ordinaire. Mais il
jouit aussi d'un droit propre et il a également à sa
charge des obligations spéciales.

I. *Droit particulier du preneur à marché.* — Le droit
qui lui est conféré en surrérogation de ceux que lui
accorde le bail à ferme ordinaire, c'est le *droit aux
baux successifs,* c'est-à-dire la promesse qu'il tient d'une
reconnaissance traditionnelle et tacite ou qu'il s'est fait
expressément donner par le propriétaire, moyennant une
somme d'argent, que la terre dont il jouit lui sera con-
tinuellement relouée et ne le sera qu'à lui seul ou à ses

successeurs, à l'expiration des baux qui auront été successivement faits.

Le droit qu'il tient de cette pollicitation est un simple droit de créance. De là les conséquences suivantes :

1° Le propriétaire ou ses successeurs ne pourront pas être contraints de passer un nouveau bail à l'issue du bail courant; mais s'ils s'y refusent, le fermier ou ses successeurs pourront lui réclamer le remboursement de son droit de marché et des dommages et intérêts s'il n'en a été autrement décidé par la convention.

2° L'acquéreur de la terre qui fait l'objet de la créance de jouissance fermière, ne sera engagé par la promesse de son auteur qu'autant que dans l'acte de vente il y aura eu, à cet égard, une stipulation expresse, et qu'il aura été accepté comme débiteur par le fermier. Autrement, s'il ne voulait pas, comme il en aurait le droit, renouveler le bail au profit du preneur, ce n'est pas contre lui que celui-ci pourrait recourir, mais contre le bailleur ou ses successeurs.

3° Si le fermier abandonne la culture, il n'aura rien à réclamer au propriétaire, car c'est lui-même qui le met dans l'impossibilité de tenir sa promesse. Le propriétaire n'est pas en faute et ne manque pas, dans cette hypothèse, à son engagement.

4° Enfin, lorsque le preneur dispose de son droit de marché, comme il ne transmet pas un droit de copropriété immobilière, ni même un droit réel, il n'a aucune transcription à opérer, et l'administration n'a pas le droit d'appliquer, ainsi qu'elle le fait, à cette mutation le tarif des cessions d'immeubles (1).

____

(1) Garnier, *Répertoire de l'enregistrement,* t. I, art. 2960, V° *Bail.*

5° Il faut appliquer à la vente d'un droit de marché les règles édictées par le Code pour les cessions de créances (art. 1609). Le fermier sera tenu notamment de faire au propriétaire débiteur la signification prescrite par l'article 1690.

6° Le Droit de Marché ne peut faire l'objet que d'une saisie mobilière.

7° Le Droit de Marché peut être donné en gage, comme les créances, par acte authentique, ou sous-seing privé mais enregistré, et signifié au débiteur, c'est-à-dire au propriétaire (art. 2075 Cod. civ.).

II. *Obligations spéciales.* — L'existence d'un Droit de Marché entraîne comme obligations :

1° Le paiement d'un *pot-de-vin* au renouvellement des baux.

2° Le paiement d'une *intrade* à chaque substitution d'un fermier à un autre.

La quotité du pot-de-vin et celle de l'intrade varient suivant les localités, mais elles diffèrent entre elles. La quotité du pot-de-vin équivaut souvent à une année de fermage, ce qui fait que l'on paie dix redevances pour neuf années de bail. L'usage des pots-de-vin, nous l'avons déjà dit, n'est pas général. Il n'est pas particulier au Droit de Marché.

L'obligation de payer l'intrade lui est, au contraire, tout à fait spéciale. Nous savons dans quelles circonstances l'intrade est due. Quiconque se substitue par vente, échange, donation, succession, etc., au fermier d'une terre à marché doit se faire *agréer* par le propriétaire en lui remettant une certaine somme d'argent ou une certaine quantité de grains. Il n'y a d'exception que pour les descendants ou ascendants du titulaire. La réclamation de l'intrade est évidemment une reconnaissance implicite d'un droit de marché.

§ II.

Condition économique du preneur à marché.

L'achat d'un droit de marché présente un grave inconvénient; c'est qu'il immobilise une partie du capital d'exploitation que possède le fermier. Mais il offre en retour des avantages très-appréciables :

1° Le créancier d'un droit de marché est, en quelque sorte, associé à la propriété de la terre qu'il tient en location, car il arrivera, la plupart du temps, qu'il restera indéfiniment dans son exploitation. L'obligation d'un remboursement sera souvent un ennui et une gêne suffisants pour retirer au propriétaire l'idée de ne pas exécuter sa promesse ;

2° Pour la même raison, le fermier sera à même de résister plus facilement à des augmentations arbitraires de fermage ;

3Enfin, un droit de marché, ayant une valeur parfois considérable, toujours très-appréciable et pouvant être, sans difficulté, aliéné ou donné en gage, permet au fermier de transformer son droit de bail lui-même en un utile instrument de crédit. Sous ce rapport, la condition d'un preneur à marché est beaucoup plus avantageuse que celle d'un preneur qui aurait un bail à

longues années. M. Lefort a donc eu raison de dire que
le Droit de Marché avait réalisé le problème du crédit
agricole. C'est là un mérite qui n'est certes pas à dédai-
gner.

Telle est la condition juridique et économique du fermier sous l'empire du *Droit de Marché*. Nous sommes
ainsi arrivés au terme de notre étude sur cette vieille
tenure particulière à la Picardie.

TABLE DES MATIÈRES.

DROIT DE MARCHÉ.